Michael Ranft

Neue genealogischhistorische Nachrichten von den vornehmsten Begebenheiten, welche sich an den europäischen Höfen zugetragen

Michael Ranft

Neue genealogischhistorische Nachrichten von den vornehmsten Begebenheiten, welche sich an den europäischen Höfen zugetragen

ISBN/EAN: 9783743498709

Hergestellt in Europa, USA, Kanada, Australien, Japan

Cover: Foto ©ninafisch / pixelio.de

Manufactured and distributed by brebook publishing software (www.brebook.com)

Michael Ranft

Neue genealogischhistorische Nachrichten von den vornehmsten Begebenheiten, welche sich an den europäischen Höfen zugetragen

Suriname, unterm 10. Nov. 1760. berichtet dieses mit folgenden Worten:

Endlich ist der Friede zwischen unserer Regierung und den aufrührischen entlaufenen Negern geschlossen worden. Man schickte ein Commando von 200. Soldaten und 500. Negern mit Geschenken zu ihnen ab. Der Friede ward auf unsere Europäische, und nachmals auf die bey den Negern übliche Weise beschworen. Ein ieder von den Contrahenten mußte sich mit einem Scheermesser in den Arm schneiden. Das Blut ward mit einem Tuche abgetrocknet, und dieses im Wasser ausgerungen, wovon so wohl die unsrigen als die Negers trinken mußten. Ihre Priester verfluchten dabey die ersten Friedensbrecher. Weil der Gouverneur damals sehr krank lag, ward der Friede von dem Commendanten und den Räthen ratificirt. Mit diesen kamen fünfe von denen entlaufenen Negern hier an, die mit vieler Zufriedenheit über die hier genossene gute Aufnahme zurücke kehrten rc.

Der Friede mit diesen entflohenen Negern, welche unter dem Namen Marrons bekannt sind, war höchst nöthig. Die Anzahl dieser verlaufenen Sclaven war von Zeit zu Zeit beträchtlich angewachsen, und man konnte sie niemals zwingen, die Holzungen, die ihnen zum Schuße dienten, zu verlassen; vielmehr beunruhigten sie die Holländischen Colonien daraus ohne Unterlaß. Die Friedens-Bedingungen, welche man im Oct. mit ihnen verabredet, sind diese: 1) Die Negres im

Gebüsche

Gebüsche sollen inskünftige für frey erkannt werden, und man wird von beyden Seiten das geschehene vergessen; 2) Beyde Theile werden einander nicht beunruhigen, sondern die Uebertreter dieses Articuls zur gebührenden Strafe ziehen; 3) Die Negers werden zum Vortheil der Colonie wieder derselben so wohl auswärtige als einheimische Feinde offensive und devensive agiren; 4) Man wird ihnen Geschenke geben; 5) wenn sie zu Paramaribo Handel treiben wollen, sollen ihrer nicht mehr als 10. auf einmal dahin kommen; 6) Wenn sie zum Gouverneur kommen wollen, so sollen ihrer nicht über 5. Personen seyn, denen man alsdenn ein Rohr mit einem silbernen Knopfe geben wird; 7) Sie werden alle, von 14. Oct. 1759. an, bis zum Tage der Schliessung des Tractats entlaufene, Sclaven ausliefern, für deren ieden man ihnen 10. bis 50. fl. nach Maßgebung der Entlegenheit der Oerter, wohin sie die Flüchtlinge bringen, zur Erkenntlichkeit geben will; und 8) Sie werden einige aus ihrem Mittel nach Auka schicken, um mit dem dortigen Consul zu conferiren. Diese Articul wurden hinter dem vierten Hügel von Auka geschlossen, woselbst der Major Meyer mit 200. Soldaten und 450. Negers der Colonie stund; der Chef der Negers-Marrons Arrabi aber hatte sein Lager demselben gegen über. Die Glieder des Raths der Colonie ratificirten hierauf diesen Tractat zu Auka, welches 50. Meilen von Paramaribo liegt.

Von

Von der Eroberung der Insel Dominique, einer der Caraibischen, hat man in Engelland folgende Umstände bekannt gemacht: Da die Stadt Roseau das Haupt-Etablissement von Dominique ist, so gieng der Lord Rollo, Commendant der Großbritannischen Trouppen und der Chef d' Escadre, James Douglas, mit 4. Schiffen und einigen Fregatten dahin. Als sie den 6. Jun. auf der Rhede von Roseau angekommen, und ein Lieutenant mit einem Manifeste dahin geschickt worden, durch welches man die Einwohner der Stadt ermahnte, sich der Großbritannischen Bothmäsigkeit zu unterwerfen, so verfügten sich zwene der vornehmsten zu dem Chef d' Escadre, in der Absicht, sich zu ergeben. Mitten unter diesen Unterhandlungen brachte der Herr Longeprie, Gouverneur der Insel, die übrigen Einwohner dahin, daß sie sich zu vertheidigen entschlossen. Auf die davon erhaltene Nachricht näherten sich die Schiffe der Insel und man debarqvirte die Trouppen. Ob man nun gleich 4. Retrenschements übersteigen mußte, die alle auf einer Höhe lagen, so jagten doch der Lord Rollo an der Spitze seiner Trouppen und der Colonel Merville mit seinen Grenadiers die Feinde von den Batterien und aus den Retrenschements, und nahmen Roseau mit einer solchen Geschwindigkeit ein, daß der Gouverneur, Herr von Longeprie, und der Unter-Commendant, Herr von la Coche, zu Gefangenen gemacht wurden, und weil die Einwohner Widerstand gethan, so erhielten sie keine Capitulation.

Aus

Aus einem Schreiben eines Englischen Offitiers aus Dominique vom 12. Julii hat man diese Insel nach folgenden Umständen genauer kennen lernen. Die Eroberung dieser Insel, heißt es, ist für Engelland ungemein wichtig. Es wächst auf derselben viel Caffee, Cacao und Baumwolle von der besten Art. Sie könnten vielen und vortreflichen Zucker hervor bringen, wenn die Franzosen nicht die Einwohner an der Anpflanzung der Zuckerröhre aus der Besorgniß gehindert hätten, daß der allzu blühende Zustand der Insel bey andern die Begierde nach ihrem Besitze erregen dürfte. Sie ist ohngefähr 10. Englische Meilen lang, und an einigen Orten 7. bis 8. Meilen breit, in ihrer Mitten aber ungemein bergicht und voller Wälder. Sie wird von verschiedenen Flüssen und Bächen benetzet, und weil niemals eine Trockenheit auf selbiger statt findet, so grünen die Gewächse stets, und der Boden scheint überaus fruchtbar zu seyn. Die Prinz-Robertsbucht wird für eine der besten und sichersten in ganz West-Indien gehalten. Sie ist unsern Kriegs- und Kauffarthey-Schiffen hinlänglich bekannt, als welche daselbst zu Friedens-Zeiten öfters einliefen, um sich mit Holze und frischem Wasser zu versorgen. Die Gewässer sind ungemein fischreich. An den Küsten siehet man die herrlichsten Weiden, und die Gehölze sind voller Wildpret und Flügelwerk von verschiedener Art. Die Insel bringt über dieses vielen Tobak hervor, der dem vortreflichen Martiniqvischen gleich

geschätzt

geschätzt wird. Sie ist rings umher dergestalt mit Klippen besetzt, daß die Besitzer derselben im Stande sind, einem ungleich stärkern Feinde die Landung zu verwehren. Sie dienet, vermöge ihrer Lage, andern Englischen Colonien gleichsam zu einer Vormauer, und scheinet sie gegen alle Unternehmungen der Einwohner von Martinique zu sichern, denen wir hingegen sowohl durch Beschützung unserer Capers, als, weil die feindlichen nicht mehr, wie sie vor der Eroberung zu thun pflegten, hier einlaufen können, grossen Schaden zuzufügen im Stande sind. Sie kann mit der Zeit unsern Fabriken einen starken Absatz verschaffen und vieles zur Vermehrung unsers Handels beytragen. Die Anzahl der sämmtlichen, jetzt darauf befindlichen, Einwohner beläuft sich ohngefähr auf 3000. Seelen, ausser 300. Indianern von den Caraibischen Inseln.

III. Persische Begebenheiten.

Im May 1761. erhielte der regierende Fürst von Georgien, Chachetskoi und Kartolinskoi, Namens Teimuras Nicolajewitsch,*) über Kislar und Astracan, von seinem Sohne, Heraclius, Oberherrn über die Kachetinischen Lande, Briefe vom 3. Febr. worinnen die bereits empfangenen Nachrichten von der Einnahme der beyden

---

*) Es ist eben derjenige, der im Jan. 1762. zu Petersburg gestorben ist. Siehe die Fortgesetzten neuen Nachr. P. 3. und 4. p. 179.

beyden Persischen Städte Hendschi und Erivan bestätiget wurden. Diesem Berichte zufolge ist die erste mit Sturm eingenommen, und der ehemalige Regent, Schach Werdi-Chan, wieder eingesetzt worden, die andern aber hat ihn um Schutz angeruffen. Nachdem er zugleich auch gemeldet, was massen bey ihm im Lager der bisher so berühmte Awganer Azad Chan sich eingestellt, und sich unter seine Protection begeben, so füget er noch folgenden neuen Bericht bey, nämlich, daß er, Heraclius, bis auf weitern Befehl den Erimanischen Einwohnern 100000. Thaler auferlegt habe. Von dem Azad Chan meldet er, daß obgleich der Persische Serdar, Fetch-Ali Chan, nebst gemeldetem Schach Werdi-Chan und andern Chanen mehr, ihn in Briefen auf das nachdrücklichste gebeten, daß er den Azad Chan ausliefern möchte, er es dennoch nicht gethan, sondern vielmehr sich vorgenommen habe, mit ihm als einem schlauen und gefährlichen Manne zu verfahren, und ihn mit seinen Frauen und Kindern nach Teflis zu schicken, woselbst er scharf bewacht werde. Der bey ihm befindlichen Mannschaft aber, die sich gegen 300. Mann beläuft, sollte alles Gewehr, Ammunition und Pferde abgenommen, und sie in verschiedene Plätze, und unter andern gegen 200. Mann von selbigen nach Hendschi verlegt werden, um daselbst die Macht des Schach Werdi-Chan zu verstärken. Allein etliche 60. Mann wären nach Scheck-Kebel zum Enkel des vorigen Regenten, Chadsch Tschelebi,

Tschelebi, desertirt, daher der Werdi-Chan befohlen, den in Hendschi befindlichen Leuten des Azad Chan alles abzunehmen.

Gedachter Persischer Serdar, Fetch-Ali-Chan, halte sich, wie es ferner heißt, in Karabag auf, woselbst auch der ihm zu Hülfe gekommene Schach Werdi-Chan nebst einer nicht gar grossen Anzahl Georgischer Trouppen sich befinder. Die Karabagischen kleinen Städte und Dörfer Isignaki, oder die in den Gebürgen befestigten Plätze haben sich auch bereits mit ihren Einwohnern gutwillig diesen beyden Chanen unterworfen, als welche gemeinschaftlich mit den übrigen Georgiern die Belagerung der Vestungen Berda und Schuscha fortsetzten. Von der Eroberung und Ergebung dieser Plätze hoffet Heraclius nächstens die Nachricht zu erhalten, indem die um Berda herum streifenden Einwohner sich dem Serdar, Fetch-Ali-Chan, schon unterworfen hätten, so wie auch die um Schuscha liegenden Einwohner gleichfalls keinen Widerstand thun würden. Zugleich vermuthet Heraclius, daß die an der Muganischen Wüste streifenden Völker, die vorher in Georgien gewohnet, ihre vorigen Wohnplätze wieder einnehmen würden.

Mit den Dscharischen Lesginern, als einem von Kachetti benachbarten Volke, hat Heraclius einen Waffen-Stillstand geschlossen, welchen dieselben auch bisher nicht gebrochen haben. So thun auch die andern Lesginer in Georgien öffentlich oder in ganzen Schaaren keine Einfälle,

sondern

sondern es fallen nur zu Zeiten kleine Partheyen verstohlner Weise ins Land, ohne sonderlichen Schaden anrichten zu können. Obgedachter Serdar, Fetch-Ali-Chan, ist mit einem andern Persischen Serdar, Kerim Chan, zerfallen, was aber diese Händel für Folgen haben werden, wird die Zeit lehren.

Nicht lange darauf wurde aus Persien berichtet, daß der Prinz Heraclius endlich der mächtigste unter allen Fürsten worden sey, die um den Persischen Thron streiten. Er habe Hendschi mit Sturm erobert, und Erivan, die Residenz der alten Könige, eingenommen, und sein Gegner habe sich zu seinem jährlichen Tribut von 10000 goldenen Sequinen verstehen müssen. Der Chan Azad, welcher sein stärkster Competente wäre, habe sich ihm mit seiner ganzen Familie unterworfen. Weil aber der Prinz Heraclius glaubte, daß hierunter eine List verborgen stecke, so habe er ihn auf das Castell zu Teflis gefangen setzen lassen. Die Stände der ganzen Provinz Karabat, ingleichen die Städte, Berda und Schuscha, hätten sich freywillig zu ihm geschlagen, so, daß die Pforte selbst diese so sehr anwachsende Macht des Heraclius nicht mit gleichgültigen Augen zu betrachten anfange. Es wurde auch versichert, daß der Fürst Teimuras an dem Russischen Hofe um 20000 Mann Hülfs-Völker Ansuchung gethan habe, um seinen Sohn, den Prinzen Heraclius, desto füglicher auf den Persischen Thron zu befördern. Allein das Russische Ministerium sähe

sähe es nicht für gut an, den Heraclius zu mächtig zu machen. Man besorge, es möchte dieser junge Conquerant, wenn er Meister von ganz Persien würde, seinen Nachbarn zu furchtbar werden.

VII.
Von der Resignation des Englischen Staats-Ministers William Pitt.

William Pitt war einige Jahre her das Fac totum im Großbritannischen Ministerio gewesen. Er hatte als Königl. Staats-Secretarius und Mitglied des geheimbden Raths-Collegii in den Staats-Affairen fast alles gegolten, auch als ein Glied des Unterhauses durch seine beredte Zunge das ganze Parlament nach seinem Sinne gelenkt. Er erzeigte sich dabey nicht eigennützig und achtete kein Ansehen der Person. Hierdurch kriegte er den Beyfall des ganzen Volks. Es hielte ihn für den besten Patrioten, und warf eine solche Zuneigung auf ihn, daß man ihn für den größten Liebling der ganzen Nation ansehen konnte.

Dieser grosse Minister legte den 5. Oct. 1761. unvermuthet seine Bedienung eines Staats-Se-
cretairs

crétairs in dem Departement der südl. Affairen nieder, und entfernte sich aus dem Ministerio. Es hieß, der König habe ihn zwey mal zu sich berufen lassen und ihn zu Beybehaltung seiner Charge zu bereden gesucht, aber nichts ausgerichtet. In Betrachtung seiner wichtigen Dienste, die er der Krone geleistet, erhielte er eine Pension von 3000 Pf. Sterlings, seine Gemahlin und Kinder aber wurden unter dem Titel von Chattam in den Lord-Stand erhoben. Ihm selbst widerfuhr diese Ehre nicht, weil er sonst seinen Sitz im Unterhause verlohren hätte, darinnen er noch ferner der Hof-Parthey ein grosses Gewichte geben konnte. Er begab sich darauf nach seinem Landgute Hayes in der Grafschaft Kent und hörte von weiten die Urtheile mit an, die von seiner Resignation gefället wurden, davon einige ihm zur Ehre, andere aber zu Verkleinerung seiner Person und Verdienste gereichten.

Diese Urtheile bewogen den Hof, den 10. Oct. folgenden Artikel in die Hof-Gazette einrücken zu lassen:

„Nachdem verschiedene ungegründete und är„gerliche Gerüchte, die man bloß in der Absicht „erdacht hat, die Gemüther des Volks aufzu„bringen, den öffentlichen Papieren einverleibet „worden sind, worinnen es unter andern heißt, „daß der Herr von Bussy bald wieder anhero zu„rücke kommen werde, und daß man mit Frank„reich den Frieden unter solchen Bedingungen, „wie diese Krone nur immer verlangen würde,
„ein-

„eingehen wollte: so können wir hierdurch aus
„hoher Auctorität versichern, daß diese schändli-
„chen Berichte nicht den mindesten Grund haben.
„Es zeigt sich vielmehr anjetzo so wenig Verlan-
„gen nach einem Frieden, der für dieses König-
„reich nur einiger maßen als schädlich und enteh-
„rend angesehen werden könnte, daß wir zuver-
„läßig wissen, daß man nunmehro Anstalten
„mache, den Krieg so gar mit weit grösserm
„Nachdrucke, als jemals, fortzusetzen.„

Herr Pitt ward hierinnen zwar nicht mit
Namen genennet, aber doch dem Publico die
Meinung benommen, als hätte er sich aus keiner
andern Ursache seines Amts begeben, als weil
er einen nachtheiligen Frieden nicht hätte billigen
wollen, den der Hof mit Frankreich einzugehen
entschlossen gewesen.

Die eigentliche Ursache seiner Resignation
war das Verhalten der Kron Spanien, von welcher er entdeckt hatte, daß sie mit Frankreich ein
heimliches Bündniß geschlossen. Da er nun
dieses für einen feindlichen Schritt hielte, schlug
er solche Maasregeln vor, die von den andern
Ministris nicht gebilliget wurden, welches ihn so
verdroß, daß er seine Dienste quittirte. Es
wurde dieses mit folgenden Worten öffentlich zu
London zu erkennen gegeben: „Herr Pitt hat in
dem Geheimbden Rathe angezeigt, er habe ganz
ungezweifelte Nachricht erhalten, daß Spanien
die Französische Parthey gegen Engelland ergreifen würde und sich schon zum Kriege rüstete. Er
hat

„hat hierauf sein Gutachten dahin decfariret, daß Engelland das Prävenire spielen und Spanien den Krieg ankündigen müßte. Allein die übrigen Ministers haben diesen Anschlag für allzu übereilt und violent gehalten, worüber Herr Pitt mit ihnen zerfallen und aus Verdruß seine Erlaßung begehret.„

Er gab dieses selbst in einem Schreiben an den Herrn Beoford, Aldermann der Stadt London und Mitglied des Parlaments, zu erkennen, wenn er sich in solchem unter andern also ausdrückte:

„Die Verschiedenheit der Meinungen in Ansehung der gegen Spanien zu besolgenden Maasregeln, welche doch für die Ehre der Brittischen Krone und für die wesentlichsten Vortheile der Nation von der äussersten Wichtigkeit sind, (denn ich gründete mich auf das, was Spanien bereits gethan hatte, und nicht auf das, was dieser Hof erst zu thun Willens war,) hat mich bewogen, die Siegel zurücke zu geben. Der Lord Temple *) und ich haben Sr. Maj. unser unterthänigstes Gutachten schriftlich und mit Unterzeichnung unserer Namen übergeben. Weil aber unsere Vorstellungen durch die gegenseitige einmüthige Meinung aller übrigen Ministers Sr. Maj. überwogen wurden, resignirte ich die Siegel am Montage, als den 5ten dieses, damit man mich
„nicht

---

*) Er legte zugleich mit dem Herrn Pitt seine Bedienung als Klein=Siegel=Verwahrer nieder.

„nicht wegen solcher Maasregeln, deren Direction nicht länger in meiner Gewalt stunde, dereinst zur Verantwortung ziehen möchte. Meine Resignation hat die allergnädigsten öffentlichen Beweise, daß Se. Maj. meine Dienste genehmiget haben, zur Folge gehabt. Ich habe die günstigen Aeusserungen nicht verdienet, noch darum angesuchet; ich werde also iederzeit stolz darauf seyn, dieselben von dem Besten der Souverains empfangen zu haben."

Man hat über diesen Brief und iedes Wort als über einen geheiligten Text in den Englischen Caffeehäusern und andern Orten unzählige Glossen gemacht.

Man gab nachgehends im Haag die wahre Ursache und Gelegenheit zu der freywilligen Resignation des Herrn Pitt folgendergestalt an: Es sey den 15. Jul. während der Negociation des Herrn Bussy von demselben dem Großbritannischen Ministerio ein Memoire übergeben worden, worinnen zum Faveur der Kron Spanien diese drey Puncte verlangt worden: 1) eine Schadloßhaltung der angegebenen Deprädationen, welche die Engelländer den Spaniern angethan haben sollten; 2) die Freyheit, auf der Bank von Terre neuve zu fischen; und 3) daß den Engelländern nicht erlaubt seyn sollte, in der Baye von Honduras Färbeholz zu fällen. Ueber diese ungewöhnliche Anforderungen, die von der Nation, die in diesem Kriege untergelegen, zum Faveur einer neutralen Macht geschehen, und zwar zu einer solchen Zeit, da sich die Ehre von Großbritannien und die See-Macht dieses Staats auf einem solchen Gipfel befindet, als sie iemals gewesen, sey Herr Pitt ungemein aufmerksam worden; und als die Rückkehr eines Couriers aus Madrit von dem daselbst befindlichen Ambassadeur, Grafen von Bristol, keinen Zweifel übrig gelassen, daß der Hof zu Madrit diese Artikel nicht läugne, so habe Herr Pitt angerathen, den Grafen von Bristol zurücke zu ruffen, gegen Spanien vigoureuse Maasregeln, und zwar solche, wozu sich die Engelländer wegen ihrer überwiegenden See Macht auctorisirt zu seyn glauben, zu ergreifen. Da nun dieser Rath und Antrag von den übrigen Gliedern des Geheimden Raths, den Grafen von Temple ausgenommen, verworfen worden, so habe eben dieses die freywillige Resignation des Herrn Pitt veranlasset.

Allein es ist wahrscheinlicher, daß das, zwischen Spanien und Frankreich geschlossene, Bündniß eigentlich dem Herrn Pitt zu seiner Resignation Gelegenheit gegeben habe, weil solche sonst viel eher hätte erfolgen müssen. Jedoch sey dem, wie ihm wolle, so mußte nunmehro Herr Pitt durch gute und böse Gerüchte gehen. Es erschienen viele Schriften wider ihn, darinnen man ihn einen hochgespannten Geist, einen stolzen und übermüthigen Mann nennte, den die Eigenliebe plage, der ein Dictator seyn wolle, und aller Leute Rath verachte. Andere urtheilten wieder anders, und es mangelte auch nicht an Schutz und

Lob-

Lob-Schriften für ihn. Einige wollten behaupten, er würde bey den instehenden Parlaments-Sitzungen bessere Bewegungs-Gründe seiner Entfernung von den Geschäfften anführen, als er in dem Schreiben an den Lord Maire gethan habe. Einer der Schriftsteller, die wider ihn sind, erklärte sich folgendergestallt: "Wie, "mein Herr? Sie haben sich aus dem Geheim-"ben Rathe entfernt, weil selbiger nicht Ihrer "Meinung in Ansehung gewisser Maasregeln von "äusserster Wichtigkeit für die Nation gewesen. "Aber wie, mein Herr, verlangen Sie denn, "daß der gesammte geheime Rath sich allen Ih-"ren Meinungen schlechterdings unterwerffen soll? "oder haben Sie sich etwan eingebildet, daß "Sie alleine den ganzen Rath ausmachen? Sie "haben die Siegel niedergelegt, um keine Ver-"antwortung von den Maasregeln zu haben, die "Ihnen zu dirigiren nicht mehr erlaubt waren; "heißt das aber nicht eben so viel, als daß Sie "alles allein handeln wollen, und daß Sie ver-"drüßlich darüber worden, daß sich der König "nicht seiner Vorzüge zum Besten ihrer eingebil-"deten Einsicht begeben will?

Es ist noch eine andere Schrift von ganz besonderer Art unter der Aufschrift: Schreiben an den Grafen von Bute über die Entfernung des Herrn Pitt und die wahrscheinlichen Folgen dieser Begebenheit, durch den Druck bekannt gemacht worden. Es wird dieser Minister darinnen

darinnen so wenig, als in verschiedenen andern Schriften, die wider ihn zum Vorschein gekommen, geschonet. Man trift auch viele spitzige Worte wider ihn in den Brittischen öffentlichen Blättern und in der, an ihn gerichteten, so genannten Addresse der Bürgerschaft zu London an. Unter andern heißt es, daß, indem diesem Minister auf eine so ausnehmende Art gedanket worden, habe man dadurch die Aufführung aller andern Minister heimlich getadelt und verdächtig gemacht.

Den 3. Nov. eröffnete der König das neue Parlament, bey welchem Herr Pitt abermals ein Mitglied war. Man hatte bisher geglaubt, er würde dem Unterhause die Bewegungs-Gründe vortragen, wodurch er bewogen worden, das Staats-Secretariat niederzulegen, ingleichen den Zustand der Sachen zwischen den Höfen zu London und Madrit vorstellig machen; allein es ist keines von beyden geschehen, und in dem Discurs, welchen er den 13. Nov. gehalten, begnügte er sich blos damit, seine Aufführung zu rechtfertigen, und fuhr über das, worauf die Neugierigkeit seiner Zuhörer am meisten gerichtet war, kurz hinweg. Ehe er in das Ministerium trat, bestritte er die Verbindungen mit dem festen Lande aufs heftigste, nunmehro aber vertheidigte er solche sehr eifrig, und sprach ausdrücklich, America sey in Deutschland conquetirt worden, wobey er den glücklichen Fortgang der Großbritannischen Waffen den Grundsätzen zugeschrieben, die

die er während seiner Administration der Affairen behauptet, und denen er gefolget. Viele Glieder des Unterhauses unterstützten seinen Discurs, andere aber widerlegten solchen, doch gieng es bey diesen Debatten ohne Heftigkeit und Bitterkeit ab, und die Addresse des Unterhauses gab deutlich zu erkennen, daß selbiges geneigt sey, den König in den Stand zu setzen, den Krieg in Deutschland mit eben so vielem Eifer, als an andern Orten zu continuiren.

Den 9. Nov. wurde der neue Lord Maire zu London, Ritter Samuel Fludyer, seiner Profession nach ein Tuchmacher, installirt, und bey solcher Gelegenheit ein herrliches Fest ausgerichtet, daran der König selbst Theil genommen. Was dem Herrn Pitt dabey für Ehre widerfahren, erhellet aus folgender Beschreibung:

Des Morgens um 10 Uhr fuhr der neue Lord Maire in Begleitung der Aldermanns in den stattlichsten Barquen auf der Themse von London nach Westmünster, um daselbst vor den Barons der Königl. Schatzcammer verpflichtet zu werden. Um 1. Uhr erhoben sich der König, die Königin, und die gesammte Königl. Familie, nebst dem vornehmsten Adel und den fremden Ministern von St. James nach der Stadt London in nachfolgender Ordnung: 1) Etliche 50 Carossen, worinne die Noblesse und auswärtigen Ministers saßen, unter welchen der Holländische Abgesandte, Herr von Boreel, den größten Staat machte; 2) der Herzog von Cumberland; 3) die Prinzessin Amalia;

Amalia; 4) der Herzog von Yorck, und dessen Brüder, die Prinzen Friedrich Wilhelm, Heinrich Friedrich und Wilhelm Heinrich; 5) die Prinzessin Augusta; 6) der König und die Königin in einer mit acht sehr schönen milchfarbenen Pferden bespannten Carosse. Den Beschluß machte der Wagen, worinnen sich der Graf von Temple und Herr Pitt befanden. Diese allerhöchste und hohe Gesellschaft begab sich in das Haus eines Quäckers, Namens Barclay, eines der vornehmsten Leinewandhändler, der ein Nachkömmling des berühmten Verfassers der Argenis ist, um daselbst die Procession des Lord Maire mit anzusehen. Die Strassen, wodurch diese Procession gieng, waren an beyden Seiten mit Stadt-Miliz besetzt. Der Zulauf hoher und niederer Personen auf den Strassen, an den Fenstern und auf den Gerüsten und Dächern war unbeschreiblich: insbesondere überstimmte das Freuden-Geschrey, welches das Volk bey Erblickung des Herrn Pitt erhob, fast jeden andern Zuruff. Ein Troupp Seeleute verschwur sich, so bald sie den Wagen des Herrn Pitt ansichtig wurden, die Pferde davor abzuspannen, und einem so grossen Manne selbst als Triumph-Pferde zu dienen und ihn nach dem hiesigen Rathhause, Guildhall genannt, zu ziehen; sie wurden aber in ihrem Vorhaben gehindert; worüber sie jedoch den ganzen Abend hindurch die größte Unzufriedenheit bezeugten. Das unzählige Volk, welches sich an und um des Königs Kutsche hielt, war Schuld,

Schuld, daß Ihre Majestäten über 4. Stunden lang auf dem Wege von St. James bis nach der Stadt London zugebracht. Die Herrlichkeit, womit die vornehmen Gäste tractirt worden, übertrift alles, was man iemals bey dergleichen Gelegenheit herrliches in Engelland gesehen hat. Unter andern sahe man sowohl an der Tafel, woran der König speisete, als auch an der, wo die auswärtigen Ministers saßen, ein Stück gebratenes Rindfleisch von 250. Pfunden. Der König erkannte die Herrlichkeit dieses Mahls selbsten, wenn er zum Lord Maire sagte: Gentleman, Sie sind bey meiner Krönung zu Westmünster nicht sonderlich bewirthet worden! Sie bewirthen mich weit herrlicher! Der König und die Königin blieben bis gegen 2. Uhr nach Mitternacht zugegen, Herr Pitt aber nahm seinen Abschied zwischen 11. und 12. Uhr. Er hüllte sich in seinen Mantel, wie jener Weltweise, in seine Tugend ein, um auf dem Rückwege unerkannt zu bleiben. Gleichwohl kannten ihn die Leute, und es galoppirten hinter seiner Kutsche wohl 10000. Personen her, die alle schrien: Es lebe Herr Pitt! Es lebe der Patriot! Der Herzog von York eröfnete den Ball mit der Gemahlin des neuen Lord Maire. Die Straßen, über welche Ihro Majestäten zurücke fuhren, waren die ganze Nacht illuminirt. Man erblickte bey solcher Gelegenheit über 1500. Carossen. Die Stadt London hat beschlossen, dem Könige ihr Bürger-Recht in einer goldenen

nen Capsel zu präsentiren; und die Tuchmacher-Zunft wollte sich ebenfalls die Ehre ausbitten, daß er in solche treten möchte. Herr Pitt blieb also der Liebling der Nation, es mochten seine Gegner wider ihn schreiben, was sie wollten. Nach dem Beyspiele der Städte London und Exeter statteten ihm auch Bristol und York für seine Verwaltung der Staats-Geschäfte ihren öffentlichen Dank ab. Als es im Dec. würklich zum Friedens-Bruche mit Spanien kam, wurde Herr Pitt von seinem Landguthe Hayes nach London beruffen, um dem grossen Rathe zu St. James beyzuwohnen, der derer Spanischen Angelegenheiten wegen den 26sten, 29sten und 30sten Dec. gehalten wurde. Als er dem Könige aufwartete, wurde er von ihm ungemein gnädig aufgenommen, und ihm zu erkennen gegeben, wie sehr man dessen ausserordentliche Einsicht in die Staats-Geschäfte bewundere, wobey Se. Maj. hinzufügten, daß Sie verhoften, zu sehen, daß der glückliche Fortgang der Englischen Geschäfte durch seinen scharfsinnigen Rath bey den gegenwärtigen delicaten Conjuncturen, die sich ereigneten, fortgesetzt werden würde. Herr Pitt erwiederte hierauf, daß alle seine Bemühungen stets dahin gegangen und noch gehen würden, seinem Vaterlande zu dienen.

Er wohnte darauf denen Parlaments-Versammlungen bey, nachdem er von neuen zu einem Mitgliede des Unterhauses erwählet worden. Der neue Krieg mit Spanien schien das Ansehen dieses Ministers aufs neue zu erhöhen, und hingegen des Herzogs von Bedford, des Herrn Heinrich Fox, und des Lords Schelburn desto mehr zu vermindern. Man erzählt, es hätten diese drey Personen einen gemeinschaftlichen Anschlag gemacht, dem Herrn Pitt bey der Parlaments-Versammlung einen Schimpf zuzufügen. Sie hätten einen gewissen Obristen eines Irrländischen Regiments, Namens Barry, einen kühnen und heftigen Mann, der zugleich ein guter Redner sey, auf ihre Seite gezogen, und ihn, weil er arm gewesen, mit einem Landgute beschenket, das jährlich 350. Pfund Sterlings einbringe, (denn so viel muß iedes Parlaments-Glied an liegenden Gründen im Vermögen haben) um ihn hierdurch zu einem Mitgliede des Unterhauses zu befördern. Als nun Herr Pitt im Parlamente erschienen, sey der Redner aufgestanden, und habe in den beissendsten Ausdrücken die Pittischen Maasregeln durchgezogen. Herr Pitt aber habe ihm gedultig zugehöret, und beständig mit der heitersten Mine in die Augen gesehen. Als die Rede ein Ende gehabt, sey Herr Pitt aufgestanden, und ein paar Schritte näher zu dem Redner getreten, habe ihn lächelnd angesehen, und sich sodenn wieder niedergesetzt, ohne ein Wort zu sagen. Durch diese großmüthige Verachtung der spöttischen Rede habe er fast einen allgemeinen Beyfall erhalten.

VIII.
Allerhand merkwürdige Begebenheiten im Jahr 1761.

1. Von der Republik Venedig.

Diese Durchl. Republik hat durch ein Decret des Senats die kleine, in der Trevigianischen Mark, an dem Flusse Brenta gelegene, und ihr zugehörige, Hauptstadt des Landgens Bassanez, Namens Bassano, mit allen den Vorzügen eines Consiglio Nobile, welches andere Städte in Terra Firma besitzen, begnadiget, nachdem man in den Archiven gefunden, daß derselben in den alten Zeiten dieser Vorzug schon durch verschiedene Herzogliche Diplomata beygelegt worden.

Hingegen hat sich die Republik genöthiget gesehen, wegen der, in der Stadt Sarlata auf der Insel Cephalonien herrschenden, Contagion allen, aus der Levante kommenden, und andern unter Venetianischer Bothmäßigkeit stehenden Oertern angelangten, Schiffen, eine 40 tägige Quarantaine aufzulegen.

2. In Holland.

Die langwierigen Irrungen zwischen den Provinzen Holland und Gröningen sind endlich

lich beygelegt worden. Denn am 11. März haben die Staaten von Holland allen Städten dieser Provinz, denen daran gelegen ist, durch eine öffentliche Declaration kund thun lassen, daß der ganze Rückstand der Gröningischen Leib-Renten in der Provinz Holland aufgehoben und ungültig seyn, auch alles auf den vorigen Fuß wieder hergestellt werden solle.

Wider den Herrn Onno Zwier von Haaren, Amtmann von Stellingwerf-West-Ende in Frießland, und Deputirten bey der Versammlung der General-Staaten im Haag, ist von seinen eigenen Schwieger-Söhnen, denen Herren von Sandick und von Hogendorp, in puncto tentati incestus ein merkwürdiger Proceß zu Leuwarden geführt worden. Die General-Staaten versagten ihm deßhalben den Zutritt in ihrer Versammlung, und er selbst stellte sich zu Leuwarden in Arrest, damit seine Sache gerichtlich untersucht würde. Er gab auch eine rechtliche Deduction heraus, in welcher er sich zu rechtfertigen suchte, und zugleich auf seine Schwieger-Söhne sehr harte Beschuldigungen legte. Diese wurden dadurch bewogen, eine Widerlegung dieser Deduction ans Licht zu stellen. Man hörte vor dem Justitz-Hofe im Haag verschiedene Zeugen ab, er selbst aber, der Herr von Haaren, hielte wegen seiner Sache an die Staaten von Frießland eine sehr nachdrückliche und bewegliche Rede, welche bey den Staaten von Frießland so viel würkte, daß sie ihn nicht nur in allen

seinen Aemtern, die er in dieser Provinz beklei=
dete, bestätigten, sondern auch das Betragen
der General=Staaten, da sie ihm den weitern
Zutritt in ihrer Versammlung untersagt, ohne
ihn gehört zu haben, mißbilligten. Allein diese
rechtfertigten ihr Verfahren durch die Bekannt=
machung einer Acte, die der Herr von Haaren
selbst ausgestellt habe, und also laute: „Ich un=
„terschriebener bezeuge, daß ich mir in meiner
„Familie den gegründeten Verdacht des *Criminis*
„*tentati incestus* mit zweyen von meinen Kindern
„zugezogen, und dieses Unternehmen, zu meinem
„großen Leidwesen, meiner Familie zugestehen,
„genöthiget worden. Ich verspreche und ver=
„binde mich unter der Strafe *convicti et con-*
„*fessi* längstens künftigen Donnerstag mich aus
„dem Haag und aus ganz Holland zu entfernen,
„und bey Vermeidung obgemeldeter Strafe in
„diese Provinz nie anders, als mit Bewilligung
„der Herren von der Dußen, Sandick und Ho=
„gendorp, oder derjenigen, welche von ihnen
„noch am Leben seyn werden, wieder zurücke zu
„kommen. So geschehen im Haag den 18. Febr.
„1761. von Haaren.„

Man kriegte hierauf eine Schrift in Hollän=
discher Sprache zu sehen, die den Titel führte:
Historische Erzählung von demjenigen,
was zwischen dem Herrn Onno Zwier von
Haaren, Amtmann von Stellingwerf=
Westende, an einer, und Sr. Hochedlen
Töchtern,

Töchtern, deren Männern und Familien an der andern Seite vorgefallen ist: aufmerksam und nach Erfordern der Sache untersucht und mit nöthigen Anmerkungen erweitert durch eine freye Feder. Diese Schrift hat der Justiz-Hof im Haag durch einen öffentlichen Anschlag für eine Schmähschrift erklärt, welche verschiedene profane und aufrührische Ausdrücke enthalte, die Ehre und das Ansehen der hohen Regierung beleidige, und zu Aufhetzung des gemeinen Volks abziele. Der fernere Verkauf derselben wurde verbothen, und eine Prämie von 3000 Gulden darauf gesetzet, wer den Verfasser oder Drucker, und Verbreiter derselben anzugeben wisse, wobey zugleich den Mitschuldigen, wenn sie es freywillig entdecken würden, eine gänzliche Befreyung von der Strafe versprochen ward. Nicht lange hernach kam eine andere Schrift im Haag heraus, die den Titel führte: „Unpartheyische und nicht zu wenig frey„müthige Gedanken über die Deduction des „Junkers D. J. von Haaren, unter dem Wahl„spruche: Dicere verum, quis vetat; in wel„chen auf eine sehr bündige und zur Sache die„nende Weise untersuchet wird: wie weit Kinder „Liebe für ihre Eltern haben müssen? Ob sie ge„gen dieselben zeugen können? und ob eine Hand„schrift, worinnen jemand eine begangene Misse„that gestehet, in Rechten hinlänglich ist, um „einen solchen darnach für schuldig zu erkennen?

„Ver-

„Verfasset nach den Grundsätzen der natürlichen
„Erkänntniß sowohl, als den weltlichen Rechten,
„durch einen Rechtsgelehrten.„ Man hat nicht
erfahren, was diese Sache für einen Ausgang
genommen.

Die General-Staaten haben den Directoren
der Ost-Indianischen Compagnie ihre Privilegia wieder auf 30 Jahr bestätiget.

3. Die suspendirten Bischoffs-Wahlen in Deutschland.

Durch den Tod des Churfürstens Clementis Augusti von Cölln, wurde nicht nur dieses
Erz-Stift, sondern auch die Bißthümer, Münster, Paderborn, Hildesheim und Oßnabrück, vacant, die insgesammt in Westphalen
liegen. Diese sollten nun durch canonische Wahl
wieder besetzt werden. Allein die alliirten Trouppen, die dieselben größtentheils inne hatten, wollten diese Wahl nicht zulassen; und es hatte das
Ansehen, als ob sie vielleicht gar secularisirt, und
im Frieden denen Puissancen, die in dem gegenwärtigen Kriege vieles einbüßen möchten, zu
einem Aequivalente gegeben werden dürften.
Dieses suchte nun sowohl der Pabst als der Kayser zu verhindern, und beyde drungen auf die
Wahl. Der Kayser ernennte den Grafen von
Raab, gevollmächtigten Minister im Nieder-Sächsischen Krayse, zum Commissario bey den
Bischoffs-

Bischoffs-Wahlen zu Oßnabrück und Hildesheim, und den Baron von Reischach, seinen Abgesandten im Haag, zum Commissario bey den Bischoffs-Wahlen zu Münster und Paderborn. Allein es sind diese Wahlen nirgends vor sich gegangen. Der Baron von Reischach war schon auf der Reise nach Münster, als ihm zu wissen gethan wurde, daß Se. Königl. Majestät von Großbritannien in Betrachtung der gegenwärtigen Umstände nicht zulassen könnten, daß vor Beylegung der Kriegs-Unruhen in Europa zu der Wahl eines Bischoffs von Münster geschritten würde. Der Kayser ließ wegen dieser Hemmung derer vorzunehmenden Bischoffs-Wahlen unterm 8. May 1761. ein weitläuftiges Hof-Decret mit 13 Beylagen an die Reichs-Versammlung zu Regenspurg ergehen, darinnen unter andern dargethan wurde, daß die Dom-Capitul vermöge derer, mit dem Päbstl. Stuhle im Jahr 1448. geschlossenen Concordaten der Deutschen Nation verbunden wären, binnen drey Monaten von dem Tage der Sedisvacanz an ihre Wahl zu vollziehen, nach deren Ablauf der Päbstliche Stuhl ohne Zuthun derer Capitul ihnen einen neuen Bischoff und Landes-Fürsten zu setzen berechtiget sey. Es sey die Hemmung der Bischoffs-Wahlen von Seiten der alliirten Kriegs-Völker der Deutschen Reichs-Grund-Verfassung und insonderheit dem Westphälischen Frieden schnur gerade zuwider, da sie nicht nur den unmittelbaren deutschen Reichs-Stiftern ihre unwidersprechliche Befugniſſe und Gerechtſame entziehe, und denen Reichs-Ständiſchen Prärogativen überhaupt nach Willkühr Ziel und Maaß ſetze, ſondern auch Ihro Kayſerl. Maj. allerhöchſte Vorrechte ſelbſt auf das empfindlichſte verletze, und deren Ausübung auf eine ſo ausſchweifende Art verhindere, daß auch in den altermißlichſten Welt-läuften zu dergleichen vorſetzlichen Unordnungen und Verwirrungen in dem deutſchen Reiche noch nie geſchritten worden, wovon die nicht zu überſehenden Folgen die Erſchütterung und den Umſturz des ganzen Reichs-Weſens anzudrohen ſcheine ꝛc.

4. Das Toben des Berges Veſuvii.

Dieſer hat im Jan: durch die heftigſten Bewegungen die Stadt Neapolis und ganze umliegende Gegend in die äußerſte Furcht und Schrecken geſetzet. Dieſer Berg bekam ſchon zu Ende des vorigen Jahrs 1761. durch einen erſchrecklichen Ausfluß brennender Materie eine neue Oefnung, wodurch die Straſſe von Salerno ganz unbrauchbar gemacht, und überhaupt bey 300. Morgen Landes verwüſtet worden. Es war ſchrecklich anzuſehen, da er verſchiedene Tage nach einander Tag und Nacht ohne Aufhören aus drey Oefnungen feurige Flammen ausſpie. Man hörte beſtändig die erſchrecklichſten und fürchterlichſten Töne, gegen welche die ſtärkſten Kanonen-Schüſſe nichts ſind. Man ſahe Bäume, Wurzeln und Steine

Steine in der Luft fliegen, als wenn es Ball-Kugeln wären. Das Auswerfen des Berges nahm mit einem Erdbeben ein Ende, welches sich in der Nacht vom 3ten bis zum 4ten Jan. mit drey wiederholten Stössen verspüren ließ. Der letzte Stoß war am heftigsten. Jederman begab sich mit Furcht und Schrecken aus dem Bette und aus den Häusern, weil ihnen die Erschütterungen um so gefährlicher vorkamen, da der Erdboden sich von einer Seite auf die andere bewegte, und gleichsam in die Höhe hüpfte. Bey Hofe war alles in ungemeiner Bestürzung. Man wollte den König aus dem Palaste unter den freyen Himmel bringen. Allein da derselbe ganz wohl schlief, wurde für besser erachtet, ihn in der Ruhe zu lassen, um ihn in kein Schrecken zu setzen, indem man zu gleicher Zeit wahrnahm, daß die Bewegung der Erde von dem Berge herrühre, wie denn auch mit anbrechendem Tage bemerket wurde, daß ein Theil des Gipfels von dem Berge sich abgerissen, das durch seinen Fall in dessen Abgrund ein solches Getöse und Bewegung des Erdreichs gemacht habe. Man schätzet den Schaden, der durch Verbrennung und Ueberschwemmung mit der Lava, und durch Verderbung der Wege u. s. w. diesesmal geschehen, auf 400000. Ducaten. Von Portici, della Torre, Resina und andern Orten hatten sich die Einwohner weg begeben müssen, weil ihre Häuser alle Augenblicke in Gefahr gestanden, einzustürzen.

5. Das

5. Das schreckliche Hagel-Wetter in München.

Den 15. Jun. 1761. wurde die Haupt- und Residenz-Stadt München Nachmittags 3. Viertel auf 4. Uhr von einem fürchterlichen Blitz und Hagel-Wetter überzogen. Es kam von Süd-West her und schüttete unter einem heftigen Winde einen entsetzlichen Hagel aus, dergleichen man seit 100. Jahren nicht gesehen. Vor dem gräßlichen Geprall der Schlosen auf den Dächern und Gebäuden hörte man fast keine einzige Glocke der Stadt mehr läuten. Alle Bäume wurden entblättert und die schönsten Gärten kriegten ein ödes Ansehen. Die Felder konnten nicht ohne Thränen angesehen werden. Am meisten litten die Churfürstl. Residenz, die Augustiner-Kirche, das Jesuiter-Collegium, der Herzogliche Garten, und noch verschiedene Klöster. Die meisten Schlosen waren den Hühner-Eyern gleich, und wogen von 1. bis 15. Loth und 1. Quentgen; ja, man fand etliche von anderthalb Pfunden. Es währte dieses fürchterliche Hagel-Wetter bey drey Viertel Stunden, und zog sich längst der Iser bis nach Freysingen.

6. Das Unglück zu Warschau.

Den 4. April 1761. hätte sich ein grosses Unglück zu Warschau zutragen können, wenn es die göttliche Vorsehung nicht abgewendet hätte. Der General-Cron-Postmeister und würklicher Geheimer

heimer Rath, Marschall von Bieberstein, hatte zu Ehren des, mit seiner Gemahlin allhier anwesenden, und nach Wien gehenden, Russisch-Kayserl. Cammerherrns, Barons von Straganow, Schwieger-Sohns des Russisch-Kayserl. Groß-Canzlers, Grafens von Woronzow, ein grosses Mittags-Mahl angestellt, wozu etliche 20. der vornehmsten hier anwesenden Personen eingeladen worden, worunter sich der Päbstl. Nuncius, die beyden Gesandten von Frankreich und Spanien, nebst des erstern Sohne und des letztern Gemahlin, der Bischoff von Cracau, der Premier-Minister, Graf von Brühl, nebst dessen Gemahlin, der Cron-Hof-Marschall, Graf von Mniszech nebst dessen Gemahlin, und noch mehrere Personen des Gräflichen Brühlischen Hauses befanden. Das Zimmer zur Versammlung war ein langer, aus zwey Stuben zusammengezogener, Platz, in dessen Mitten ein Ofen mit einer eisernen Platte, dessen Einheitzung auf einer Neben-Treppe geschiehet, und am Ende in dem Winkel ein Camin sich befindet. Der Ofen war frühe geheitzet, sodenn aber kein Holz weiter nachgelegt worden, so, daß nichts als Asche und höchstens Kohlen übrig geblieben. Als sich gegen Mittag der Cron-Postmeister zu Empfahung seiner Gäste in dieses Zimmer verfügte, und an den Camin gieng, um das Feuer in etwas zurechte zu legen, geschahe ein Knall so stark, als ein Kanonen-Schuß. Das Zimmer wurde voller Pulverdunst, und nicht nur alle Fenster und Thüren,

ren, sondern auch Tische und Stühle, nebst den eisernen Ofenplatten, in kleine Stücke zerschmettert, und so gar Wände eingeschmissen, der Herr von Marschall aber, der in einem Winkel gestanden, kam noch mit ein paar kleinen Beschädigungen glücklich davon. Hätte das Pulver nicht eher gezündet, als die eingeladenen Gäste beysammen gewesen, so würde dieser hohen Gesellschaft viel Unglück begegnet seyn. Wie aber dieses Pulver in den Ofen gekommen sey, ist nicht zu ergründen. Daß es frühe nicht daselbst gewesen, ist daraus zu schliessen, weil das Feuer lange ausgebrannt gewesen; doch haben sich unter dem Schutte die Stücken einer blechernen Schachtel gefunden, in welcher ohngefähr 3. Pfund Pulver seyn können. Man hat eine Belohnung darauf gesetzt, wer den Urheber davon entdecken würde.

7. Das Unglück zu Mastricht.

Den 21. Dec. 1761. frühe um 2. Uhr flog das Pulver-Magazin zu Mastricht, welches nicht weit von der Pforte gegen Tongern auf dem sogenannten Commel liegt, mit einem erstaunenden Geprassel in die Luft, so, daß nicht allein die Wälle der Vestung auf dieser Seite sehr beschädiget, sondern auch viele Häuser umgestürzet, auch viele Menschen theils beschädiget, theils getödtet wurden. Unter der Anzahl der letztern befand sich die Prinzessin Henriette von Hessen-Philippsthal, welche unter den Ruinen ihrer Wohnung begraben worden. Es waren ohnge-

im Jahr 1761.

ongefähr 36000. Pf. Pulver in diesem Magazin. Die beyden Häuser der Prinzessin von Hessen-Philippsthal und der Fräulein von Selis, die am nächsten dabey stunden, wurden gänzlich zerschmettert. Sonderlich siehet man von dem letzten nicht ein Stück Mauer mehr. Das Kloster des Berges Calvaria, die Comödie, die Barraqven, und andere Häuser auf dem Commel und in der Straße nach Brüssel und Tongern sind sehr beschädiget, alle Fenster an dem Hause des Gouverneurs und Commendantens zerschmettert, der Wall fast ganz zerstöret, und die Bresche, die daran gemacht worden, ist 130. Fuß lang und über 40. breit. Ausser der Prinzessin von Philippsthal, deren Körper man aus den Ruinen gezogen, sind ihre Domestiqven und Pferde noch gerettet worden. Der Körper der Fräulein von Selis war ganz zerschmettert. Alles in ihrem Hause ist darauf gegangen, ausser der Kutscher und die Pferde, denen man noch in Zeiten zu Hülfe gekommen. Das Corps de Garde, in welchem sich 15. Mann und ein Lieutenant befand, ist auch in die Luft gesprengt worden. Die Ursache dieses erschrecklichen Unglücks war ein Kanonier, der mit Einstimmung der Schildwache, die an dem Magazine gestanden, Gelegenheit gefunden, das Magazin zu eröfnen, um Pulver zu stehlen, wobey er vielleicht einen Funken vom Lichte fallen lassen. Die Frau dieses Kanoniers hat diese Laster-That ihres Mannes selbst angegeben. Die Bestürzung über diesen Zufall

war

war ausserordentlich groß. Es sind Steine von 2. bis 300. Pfunden auf eine Viertel-Meile weit geworfen worden, und man hat den Schlag zu Lüttich, Aachen und vielen andern Orten deutlich hören können. Zu allem Glücke hat das Pulver seine größte Wirkung ausserhalb der Stadt gethan, sonst würde alles in derselben zu Grunde gegangen seyn.

8. Der grosse Brand in Croatien.

Vor einigen Tagen haben 2. Meilen von Segua, einer festen Stadt in Croatien, zwey Vieh-Hirten an einem mit Holz bewachsenen Berge ein Feuer von grossen abgehauenen Aesten angemacht, dabey sie sich kochen und ihren Leib erwärmen wollen. Zu allem Unglück wehete ein heftiger Nord-Wind. Dieser trieb die Flammen von ihrem Feuer in die alten Eichen, welche sich in einem Augenblicke entzündeten und das Feuer immer mehr ausbreiteten. Der Wald, welcher auf 10000. Morgen Landes einnahm, ward plötzlich in einen brennenden Scheiterhaufen verwandelt. Sobald das Feuer überhand nahm, kam eine unzählige Menge wilder Schweine, Wölfe und Bären, welche zum Theil von ungeheurer Größe waren, aus ihren Winkeln hervor gekrochen, und machten ein entsetzliches und fürchterliches Gebrülle. Ein wenig darauf öfnete sich die südliche Seite dieses Berges mit einem wunderbaren Glanze. Diese Oefnung war 15. Fuß in die Höhe, und hatte 10. Fuß in dem Durchschnitte

schnitte. Aus dieser kam eine lautere und brennende Materie mit grossem Ungestüm geschossen, die in einer kurzen Entfernung von ihrer Quelle zu einer harten Masse von 7. bis 800. Centnern wurde. Diese Masse war ein, von Kupffer, Eisen, Zinn und Silber vermischtes, Metall, und sahe sehr schön aus. Es ist ein Corinthisches Erzt, das die Erzählung des Alterthums von diesem wunderbaren Metalle rechtfertigen kann.

9. Allerhand merkwürdige Feuers-Brünste.

1) Den 6. May entstund in dem grossen Hohensolmsischen Dorf Niederwissel, eine halbe Stunde von Butzbach, eine so starke Feuers-Brunst, daß, ohngeachtet aller Rettungs-Mittel und Beyhülfe von fast 4000. Mann und 60. Sprizen, binnen 13. Stunden 250. Gebäude in die Asche gelegt wurden.

2) Den 5. Jun. wurde die kleine Thüringische Stadt Kindelbrück durch einen starken Brand heimgesucht. Das Feuer kam in dem Gast-Hofe zur Sonne in der Scheune aus, und machte die ganze Stadt bis auf 30. Häuser zu einem Aschenhaufen.

3) In der Nacht vom 30. Jun. bis den 1. Jul. wurde der beste Theil der Schwedischen Stadt Fahlnu durch eine entstandene Feuersbrunst in die Asche gelegt.

4) Den 6. Jun. um 11. Uhr entstund zu Petersburg in eines Pasteten-Beckers Hause eine heftige

heftige Feuersbrunst, welche allererst Abends um 6. Uhr gelöscht werden konnte. Es sind an die 200. Häuser und 2. Russische Kirchen dadurch in die Asche gelegt, und ein Schade von anderthalb Millionen Rubeln angerichtet worden.

Den 10. Jul. entstunde in dieser Stadt ein neuer unglücklicher Brand durch Verwahrlosung eines unbedachtsamen Menschens. Es giengen hierdurch die weitläuftigen Hanf-und Flachs-Magazine, sammt einer Menge Barqven, die mit Oel und Talk beladen waren, ingleichen die schöne Schiffbrücke an der Petersburgischen Seite und auf drittehalb hundert Häuser zu Grunde. Der Schade, den nur die einheimischen und auswärtigen Kaufleute dadurch erlitten, ward auf etliche Millionen Rubeln geschätzt.

5) Im May brannte die Pohlnische Stadt Wengerow in Masovien größtentheils ab. Sie gehört dem Premier-Minister, Grafen von Brühl.

6) Den 3. Aug. wurde Stutgard mit einer heftigen Feuersbrunst heimgesucht. Das Feuer brach ein wenig nach Mitternacht in eines Fleischers Hause aus, welcher in der Trunkenheit seine, vor ihm fliehende, Frau mit dem Lichte auf den Heu-Boden verfolgt hatte. Weil alles im ersten Schlafe lag, griff das Feuer dergestalt um sich, daß in kurzer Zeit 41. Gebäude in die Asche gelegt wurden. Der Schade, welchen nicht sowohl die Eigenthümer, als die in der Miethe gesessenen, welche zusammen gegen 100. Familien ausmach-

ausmachten, erlitten haben, wurde wenigstens auf 300000. fl. gerechnet. Vielen darunter ist kaum das Leben übrig geblieben. Der Herzog fand sich selbst in der Stadt ein, und traf zu Löschung des Feuers die dienlichsten Anstalten, wobey er seine Person selbst in grosse Gefahr setzte.

7) An eben diesem Tage Abends brach auch zu Mannersdorf, einer eigenthümlichen Herrschaft des Kaysers, so etliche Meilen von Wien liegt, eine schädliche Feuersbrunst aus, welche die ganze Nacht anhielte, und diesen schönen und grossen Flecken fast gänzlich in die Asche legte.

8) Den 5. Aug. Nachts um 1. Uhr kam in einem, unweit Neusol in Ober-Ungarn gelegenen, Kupfferhammer aus Versehen Feuer aus. Da nun eben zum Unglück ein Sturmwind entstund, so ward nicht allein die Vorstadt, sondern auch die ganze Stadt selbst, sammt allen Kirchen, bis auf etliche wenige Häuser von den wütenden Flammen verzehret. Es haben hierbey gegen 200. Personen elendiglich ihr Leben eingebüset.

9) Den 12. Jul. brannte der Sächsische Markt-Flecken Riesa, zwischen Meisen und Torgau, wo sonst ein Benedictiner-Nonnen-Kloster gewesen, fast gänzlich ab.

10) Den 20. Sept. Abends gegen 8. Uhr entstund zu Dessau in einem Brauhause unvermuthet eine so starke Feuersbrunst, welche so um sich griff, daß in weniger Zeit nicht nur eine starke Anzahl Häuser in die Asche gelegt, sondern auch viele Leute dabey beschädiget wurden.

S. H. Nachr. 159. 160. Th. III   11) Im

11) Im Sept. ward die Stadt Osterburg in der alten Mark durch die Unvorsichtigkeit eines Brauers, der in seinem Brauhause von einem Bötticher seine Fässer ausbrennen ließ, fast gänzlich in die Asche gelegt. Es brannten nebst der Kirche über 270 Häuser ab.

12) Den 10. Sept. wiederfuhr der Stadt Helsingfors in Finnland ein gleiches, da des Nachts um 2 Uhr eine heftige Feuersbrunst daselbst entstunde, welche Mittags um 12 Uhr, da die Post von dar abgegangen, bereits den dritten Theil der Stadt verzehrt gehabt, und doch noch nicht gedämpft gewesen.

10. Der Ruin der Stadt Thessalonich.

Sie heißt heut zu Tage Salonichi, und ist die Hauptstadt in dem alten Macedonien. Ein Schreiben von dar unterm 28. März beschreibt den kläglichen Zustand dieses Orts also:

„Die Pest hat hier großen Schaden gethan „und viel Menschen aufgeräumet, doch ist sie nun „vorüber. Diese Seuche nebst dem erschreckli-„chen Erdbeben, so dieses Land vor einem Jahre „betroffen, hat die ganze Provinz meistens zu „einer Wüsteney gemacht. Wir haben noch täg-„lich einige Erschütterungen. Der größte Theil die-„ser herrlichen Stadt ist ein Steinhaufen. Die „prächtigsten Paläste und vortreflichsten Häuser, die „niedergefallen sind, sammt der großen Anzahl Leu-„te, die darunter begraben liegen, und der Gestank „von

"von den verfaulten Körpern, als wovon die
"Pest verursacht worden, erwecken einen Grausen
"und Abscheu gegen unsere sonst so angenehme Ge-
"gend. Jedoch stellen sich nunmehro die ent-
"wichenen Leute wieder ein, und fangen an, den
"Schutt aufzuräumen oder vielmehr ihre Juwe-
"len und Güter, so darunter begraben worden,
"wieder hervor zu suchen. Der Bassa und die
"vornehmsten Einwohner thun alles, was in ih-
"rem Vermögen ist, die vorige gute Ordnung
"wieder herzustellen." Gestern sind wir durch
einen, in dem südöstlichen Theile der Stadt aus
der Erde aufgestiegenen, sehr großen Feuer-Klum-
pen ungemein erschrecket worden. Derselbe
nahm seinen Lauf flach über gegen Westen, allwo
er sich in eine dunkle Wolke verbarg, und mit
großem Krachen, als eine Bombe, zersprang.
Hierauf erfolgten entsetzliche Blitze und Donner-
schläge, und ein so großer Regen, daß wir dach-
ten, es würde eine neue Sündfluth entstehen.

II. Der Durchgang der Venus durch die Sonnen-Scheibe.

Diese seltene Begebenheit, die sich den
6. Jun. 1761. Vormittags ereignete, hat die
Astronomos an allen Orten sehr aufmerksam gemacht. Ihre Observationes, die sie davon sehr
häufig der Welt mitgetheilet, würden noch zuver-
läßiger gewesen seyn, wenn nicht die trüben Wol-
ken den Augen ein Hinderniß gegeben, alles genau
wahr-

wahrzunehmen. Der Eintritt der Venus geschahe nicht viel vor 3 Uhr und die ganze Währung des Durchgangs betrug ohngefähr 6½ Stunden.

Nota.

Der Graf Otto Friedrich von Podewils, der den 5. Dec. 1760. zu Berlin gestorben, war unvermählt und ohne Dienste. Er ist fälschlich mit Graf Otto Christoph von Podewils verwechselt worden, der noch ietzo als Staats-Minister lebt.

* * * * * * * * * * * * * * * * * * *

IX.
Verzeichniß derer Personen,
von welchen in diesem dreyzehenden Bande vollständige Lebens-Beschreibungen vorkommen.

I.

Carl Siegmund von Rautencranz, Fürstl. Sachsen-Gothaischer General-Lieutenant, † 1. Sept. 1760. p. 118. sq.

II. Ludwig Carl August Fouqvet, Herzog von Bellisle, Marschall von Frankreich, † 26. Jan. 1761. p. 186. sqq.

III. Clemens August, Churfürst von Cölln, † 6 Febr. 1761. p. 243. sq.

IV. Do-

IV. **Dominicus Paßionei**, der Röm. Kirche Cardinal, † 5. Jul. 1761. p. 551. sq.
V. **Wilhelm, Lord Blackeney**, Großbritannischer General-Lieutenant, † 20. Sept. 1761. p. 761. sq.

* *

X.

Summarisches Verzeichniß

derer vornehmsten unter den verstorbenen, gebohrnen, vermählten und avancirten Standes-Personen, deren in diesem Bande Meldung geschicht.

I. Unter den Verstorbenen befinden sich:

a) Kayserl. und Königl. Prinzen:

1. **Carl Joseph**, Erzherzog von Oesterreich, ein Prinz Kaysers Francisci I. und Mariä Theresiä, Königin von Ungarn und Böhmen, † 17. Jan. 1761.
2. **Ludwig von Bourbon**, Herzog von Bourgogne, ein Enkel Königs Ludovici XV. von Frankreich, † 22. März a. e.

b) Eine Königl. Prinzeßin:

Maria Louise, Königl. Infantin von Spanien, † im Sept. 1761.

c) Ein

c) Ein Churfürst:

Clemens August, Churfürst von Cölln, gebohrner Herzog von Bayern, † 6. Febr. 1761.

d) Cardinäle:

1. Alvarus Eugenius von Mendoza, ein Spanier, † 23. Jan. 1761.
2. Hieronymus Bardi, ein Toscaner, † 19. März. a. e.
3. Reinerus Delci, ein Toscaner, † im Jun. a. e.
4. Joseph Augustinus Orsi, ein Toscaner, † 13. Jun. a. e.
5. Dominicus Passionei, von Fossombrone, † 5. Jul. a. e.
6. Ludwig Gualtieri, von Orvieto, † 24. Jul. a. e.
7. Joseph Dominicus von Lamberg, ein Deutscher, † 30. Jul. a. e.
8. Fortunatus Tamburini, ein Modeneser, † 8. Aug. a. e.

e) Regierende Reichs-Fürsten:

1. Clemens August, Bischoff zu Münster, Paderborn, Hildesheim und Oßnabrück, wie auch Hochmeister des Deutschen Ordens, ein gebohrner Herzog von Bayern und zugleich Churfürst zu Cölln, † 6. Febr. 1761.
2. Joseph Dominicus, Bischoff zu Passau, ein gebohrner Graf von Lamberg und zugleich der Röm. Kirche Cardinal, † 30. Jul. a. e.

3. Bern-

3. Bernhard Ludwig Wilhelm George, Marggraf von Baden-Baden, † 22. Oct. a. e.
4. Friedrich Carl, Herzog von Holstein-Plön, † 18. Oct. a. e.
5. Friedrich Wilhelm, Fürst von Solms, † 24. Febr. a. e.

f) Allerhand Durchl. Personen männlichen Geschlechts:

1. Wilhelm, Prinz von Pfalz-Birkenfeld, Kayserl. Königl. General-Feld-Marschall, † 25. Dec. 1760.
2. Friedrich Franz Ernst Ludwig, Prinz von Sachsen-Meinungen, † 25. März. 1761.
3. Wilhelm, Prinz von Hessen-Philippsthal, † 13. May, a. e.
4. Ludw. Ferdinand Joseph, Herzog von Havre, † 16. Jul. a. e.
5. Albert Heinrich, Prinz von Braunschweig, † 9. Aug. a. e.
6. Carl Ernst, Prinz von Holstein-Glücksburg, † im Sept. a. e.
7. Carl Friedrich, Herzog von Würtemberg-Oels, † 14. Dec. a. e.
8. Benedictus Pamßilio, Fürst von Melbola, † 9. Dec. 1760.

g) Allerhand Durchl. Personen weiblichen Geschlechts:

1. Charlotte Aglea von Orleans, Herzogin von Modena, † 29. Jan. 1761.

2. Maria Josepha, verwitwete Fürstin Sobieska, insgemein die Prinzessin Constantina genannt, † 4. Jan. a. e:
3. Maria Francisca, Fürstin von Auersberg, † 2 April a. e.
4. Elisabeth Albertina, verwitwete Herzogin von Mecklenburg-Mirow, † 24. Jun. a. e.
5. Henriette Juliana Gabriele von Lorena, verwitwete Herzogin von Cadaval, † 24. Jun. a. e.
6. Christiana, verwitwete Landgräfin von Hessen-Homburg, † 6. Nov. a. e.
7. Friderica Henriette, Prinzessin von Hessen-Philippsthal, † 2c. Dec. a. e.
8. Maria Charlotte, verwitwete Fürstin von Ost-Frießland, † 19. Dec. a. e.

h) **Oesterreichische Ritter des güldenen Vließes:**

1. Carl Joseph, Erzherzog von Oesterreich, † 17. Jan. 1761.
2. Bernh. Ludw. Wilhelm George, Marggraf von Baden-Baden, † 22. Oct. a. e.

NB. Carl, Herzog von Lothringen, legt als Deutschmeister den Orden des güldenen Vließes ab, 1761.

i) **Spanische Ritter des güldenen Vließes:**

1. Ludwig Carl August Fouqvet, Herzog von Bellisle, Marschall von Frankreich, † 26. Jan. 1761.

2. Ludwig

2. Ludwig Peter Maximilian von Bethune, Herzog von Sully, † 9. Apr. a. e.
3. Lelius Caraffa, Marquis von Arienzo, † 22. Dec. a. e.

k) Ritter der Königl. Französischen Orden:

1. Ludwig Carl Aug. Fouquet, Herzog von Bellisle, Marschall von Frankreich, † 26. Jan. 1761.
2. Ludwig von Bourbon, Herzog von Bourgogne, † 22. Mart. a. e.
3. Ludwig Carl von Lothringen, Graf von Brionne, † 28. Jun. a. e.
4. Carolus O‑Brian, Graf von Thomond, Marschall von Frankreich, † 9 Sept. a. e.

l) Ritter des Elephantens:

1. Friedrich Carl, Herzog von Holstein‑Plön, † 18. Oct. 1761.
2. Hans Adolph von Ahlefeld, Dähn. Geheimer Conferenz‑Rath, † 3. Oct. a. e.

m) Ritter des schwarzen Adlers:

1. Alexius Gawrielowitsch, Graf von Golowkin, Russischer Geh. Rath und Gesandter im Haag, † 24. Nov. 1760.
2. Andreas von Kaßler, Preußischer Generallieutenant, † 12. Nov. a. e.

3. Otto

3. Otto Leopold, Graf von Bees, Preußischer Ober-Hofmarschall, † 17. Jan. a. e.

  n) Ritter des weissen Adlers:
1. Carl Joseph, Graf Sedlnicki, Kron-Groß-Schatzmeister, † 1. Jan. 1761.
2. Johann Zabrello, Castellan von Mscislau, † im Apr. a. e.
3. Joseph Anton Gabaleon, Graf von Wackerbart, Sächs. Cabinets-Minister, † 3. Jun. a. e.
4. Anton, Fürst Lubomirski, Kron-Schwerdt-Träger, † 25. Jul. a. e.
5. Christoph Towianski, gewes. Cron-Groß-Cämmerer, † 10. Sept. a. c.
6. Carl Friedrich, Herzog von Würtemberg-Oels, † 14. Dec. a. c.

  o) Ritter des heil. Januarii:
1. Joseph Anton Gabaleon, Graf von Wackerbart, † 3. Jun. a. e.
2. Lelius Caraffa, Marquis von Arienzo, † 22. Dec. a. c.

  p) ein Ritter des Seraphinen-Ordens:
Christoph Ludwig, regierender Graf von Stollberg, † 20. Aug.

II. Unter den Gebohrnen befinden sich:

  a) ein Königl. Prinz:
Joseph Franz Xaverius, Prinz von Beira, ein Enkel des Königs in Portugall, geb. 21. Aug. 1761.

b) Durchl.

b) Durchl. Prinzen:

1. George Friedrich Carl, Prinz von Meinungen, geb. 4. Febr. 1761.
2. Carl Wilhelm, Prinz von Naſſau-Uſingen, geb. 26. Mart. a. e.
3. Wilhelm Ludwig Carl, Prinz von Naſſau-Weilburg, geb. 12. Dec. a. e.
4. Friedrich Wilhelm Philipp, Prinz von Würtemberg-Stutgard, geb. 27. Dec. a. e.

c) Durchl. Prinzeßinnen:

1. Thereſia Maria Joſepha, Prinzeßin von Chur-Sachſen, geb. 27. Febr. 1761.
2. Friderica Eliſabeth, Prinzeßin von Preußen, eine Tochter des Prinzens Auguſt Ferdinands, geb. 1. Nov. 1761.
3. Louiſe Carolina, Prinzeßin von Heſſen-Darmſtadt, geb. 25. Sept. a. e.
4. Erneſta Sophia Amalia, Prenzeßin von Iſenburg, geb. 25. Sept. a. e.
5. eine Prinzeßin von Rohau-Guimene, geb. 16. Nov. a. e.

III. Unter den Vermählten befinden ſich:

a) Königl. Perſonen:

Georgius III. König von Großbritannien, und Churfürſt von Braunſchweig, mit Sophia Charlotte, Prinzeßin von Mecklenburg-Strelitz, den 8. Sept. 1761.

b) Durchl.

b) Durchl. Perſonen:

1. Heinrich Ludwig Maria, Prinz von Rohan-Guimene, mit Victoria Armanda Joſepha, Prinzeßin von Rohan-Soubiſe, den 5. Jan. 1761.
2. Carl Albert Chriſtian, Erbprinz von Hohenlohe-Schillingsfürſt, mit Leopoldina Carolina, Prinzeßin von Löwenſtein, den 19. May a. e.
3. Anton Maria Buonbompagno, Herzog von Arce, Erbprinz von Plombino, mit der Herzogin von Cäſarini, 1761.
4. Johann Friedrich, Fürſt von Lamberg, mit der jüngſten Prinzeßin von Trautjon, den 5. Jan. 1761.

IV. Unter den Avancirten befinden ſich:

a) ein Churfürſt:

Maximilian Friedrich, Churfürſt von Cölln, erwählt 6. Apr. 1761.

b) Cardinäle:

1. Bonaventura de la Cerda, ein Spanier,
2. Chriſtoph Migazzi, ein Deutſcher,
3. Franz Chriſtoph von Hutten, ein Deutſcher,
4. Ludwig Conſtantin von Rohan, ein Franzoſe,
5. Johann Franc. Joſeph von Rochechouart, ein Franzoſe,
6. Anton Clairabus von Choiſeul, ein Franzoſe,
7. Heinrich Virginius Natta, ein Piemonteſer,
8. Johann Molino, ein Venetianer,

9. Corne-

9. Cornelius Caprara, ein Bolognefer, und
10. Balthasar Cenci, ein Römer: allerseits den 23. Nov. 1761.

    c) neue regierende Reichsfürsten:

1. Joseph Maria, Bischof von Passau, gebohrner Graf von Thun, erwählt 19. Nov. 1761.
2. August George, Marggraf von Baden-Baden, succ. 22. Oct. a. e.
3. Carolus, Herzog von Lothringen, Hochmeister des deutschen Ordens, erwählt 4. May a. c.
4. Ferdinand Wilhelm Ernst, Fürst von Solms, succ. 24. Febr. a. e.

****

Register
der vornehmsten Sachen.

Adler, des schwarzen, neuer Ritter,   668.
  . . des weissen, neue Ritter,   666 sq.
Alliirte, ihr Feldzug gegen die Franzosen, 324 sq. 433 sq. 728 sq. werden bey Grünberg geschlagen, 339. 345. siegen bey Villinghausen, 444 sq.
Alter Mann, ein besonder Exempel,   790
Augspurg, der fruchtloß daselbst angestellte Friedens-Congreß, 371 sq. was deßhalben auf dem Reichstage vorgegangen,   394 sqq.
Auto da Fe zu Lissabon, ein merkwürdiger zu Lissabon,   694 sq.

                                  B.

B.

Barbarigo, Card. Gregorius, wird beatificirt, 815

Bath, Ritter-Orden, 659 sq. neue Ritter installirt, 660

Bassano, erhält Stadt-Recht, 872

Bellisle, Insel, von den Engelländern erobert, 354 sq.

Bengalen, Irrungen daselbst, 432. 848

Bischofswahlen, in Deutschland bleiben ausgesetzt, 876 sq.

Braunschweig, von den Franzosen vergeblich belagert, 747 sq.

Bützow, eine neue Universität, 94

C.

Cardinäle, neue, 675 sq.

Cassel, von den Alliirten belagert, 337 sq.

Catechismus, des Abts von Mezenguy, Irrungen deswegen in der Römischen Kirche, 813 sq.

Ceylon, Unruhe auf dieser Insel, 849 sq.

Colberg, von den Russen belagert und erobert, 828 sqq.

Collegium illustre zu Lissabon, 807

Cosel, in Schlesien vergeblich belagert, 139 sq.

Croatien, großer Brand in den Wäldern daselbst, 884

D.

Dannebrog, neue Ritter dieses Ordens, 303

Danzig, Königl. Commission daselbst, 803 sq.

Dessau, Feuersbrunst allda, 837

Domi-

Dominique, Insel, von den Engelländern erobert, 853 sq.

E
Engelländer verlieren etliche Plätze auf Sumatra, 420
Erdbeben in Portugall, 692 sq.

F
Fahlnu, Feuersbrunst daselbst, 885
Franzosen, ihr Feldzug gegen die Alliirten, 323 sq. 433 sq. 728 sq. sind auf der Insel Sumatra gegen die Engelländer glücklich, 420 sq. was ihnen die Engelländer in Ost-Indien weggenommen, 433 werden bey Villinghausen geschlagen, 444 sq.
Friedens-Congreß zu Augspurg fruchtloß, 373 sq. 805

G
General-Staaten bestätigen die Ost-Indische Compagnie 852, Krieg auf Ceylon, 849 sq.
Goa, Jesuiten daselbst vertrieben, 686. Krieg allda, 686. sq.
Großbritannien, dieser Krone jetzige Macht, 798
Grünberg, die Franzosen hier geschlagen 339 sq. 345 sq.
Gülden Vließ, neue Spanische Ritter, 654. 773

H
Hamburg, Irrung mit Frankreich, 68. beygelegt, 796
Harz, der Franzosen Einfall in solchen, 741 sq.
Heil. Geist, neuer Ritter, 203

Helsing-

Helsingfors, Feuersbrunst daselbst, 888
Holland vergleicht sich mit Gröningen, 872 sq.
Holländer liden Schaden auf Ceylon, 849 sq.
   Friede auf Surinam, 850
Hut und Degen, einen geweiheten, kriegt der Graf von Daun, 772

J

Jesuiten, ihre Verfolgung in Portugall, 681 sq.
Inspruck, dasige Universität verbessert, 792
Jütland, neue Colonion darinnen, 662 sq.

K

Kindelbruck, Feuersbrunst daselbst,
Krönung des Königs und der Königin in Engelland, 519 sq.

L

Lit de Iustice zu Paris, 723 sq.

M

Macinesso, unweit Placenza, allba eine alte Stadt entdeckt, 820
Madrit wird verschönert, 793
Malta, Irrung mit der Pforte, 405 sq. durch Frankreich beygelegt, 416
Mannersdorf, Feuersbrunst daselbst, 887
Marlborough, ein Fort auf Sumatra erhält Stadt-Recht, 295
Mastricht, dasiges Pulver-Magazin geht in die Luft, 882 sq.
Mecklenburg, Krieg in diesem Lande, 697 sq.
Mihie, erobern die Engelländer, 431

Mömpel-

Register der vornehmsten Sachen.

Mömpelgard, Successions-Irrung völlig gehoben, 826
Müllendonk, Reichs-Herrschaft, 651
München, schrecklich Hagel-Wetter daselbst, 818
Münz-Irrung in Pohlen, 803

N

Neusol, Feuersbrunst daselbst, 887
Niederwissel, Feuersbrunst daselbst, 885
Nordstern-Orden, neue Ritter, 777
Nuova Colonia, deren Tausch-Handel gehet zurücke, 689 sq.

O

Oesterreicher werden bey Torgau geschlagen, 26 sq. 805 ihr Feldzug in Schlesien, 138 sq. 637 sq. in Sachsen, 625 sq.
Osterburg, Feuersbrunst daselbst, 888
Ost-Frießland, Einfall der Franzosen in dieses Land, 750 sq.

P

Palafox, soll beatificirt werden, 824
Paraguay, wahrer Zustand in diesem Lande, 787 sq.
Parlament, zu Paris, Irrung mit dem Hofe, 715 sq. zu Toulouse, 726 sq. in Engelland eröfnet, 797 sq.
Passion, neuer Mönchsorden im Vorschlage, 311
Persien, Unruhe in diesem Reiche, 855 sq.
Petersburg, Feuer daselbst, 885
Plön, Fürstenthum, kömmt an Dännemark, 799 sq.

Pohlnischer Reichstag zerrissen, 74. 802
Pommern, Krieg in diesem Lande, 704 sq.
Pondichery von den Engelländern erobert, 418 sq.
Portici, Königl. Schloß in Königreiche Neapolis, 808 sq.
Postmeister-Amt des heil. Röm. Reichs, 97
Preussen, schlagen die Oesterreicher bey Torgau, 26 sq. 805 ihr Feldzug in Sachsen, 625 sq. in Mecklenburg und Pommern, 697 sq. 828 sqq. verlieren Colberg, 846 sq. ihre Winter-Campagne in Thüringen, 316 sq. ihr Feldzug gegen die Reichs Armee, 573 sq. in Schlesien 138 sq. 599 sq. 637 sq.

R

Reichs-Armee, ihr Feldzug, 573 sq.
Reichs-Generale, neue, 650
Reichsgraf, ein neuer auf der Westphälischen Grafen-Bank, 651
Reichstag zu Regenspurg, Deliberationes auf solchem wegen des Friedens-Congresses, 394 sq.
Riesa, Feuersbrunst daselbst, 887
Rinteln, kriegt eine neue Regierung, 826
Rostock, dasige Universität aufgehoben, 94
Russen, ihr Feldzug in Schlesien, 599 sq. 645 sq. in Pommern 828 sqq. erobern Colberg, 846 sq.

S

St. Andreas-Orden, ihm wird eine Ehren-Säule errichtet, 827.
St. Januarii-Orden, neuer Ritter, 309
Sachsen, Krieg in diesem Lande, 26 sq. 625 sq.

Sachsen werden von den Preussen geschlagen, 370 sq.

Schlacht bey Torgau, 26 sq. bey Grünberg, 339 345 sq. bey Villinghausen, 444 sq.

Schlesien, Krieg darinnen 138 sq. 599 sq. 637 sq.

Schweden, Reichstag, 76 sq. 801 Feldzug gegen die Preussen, 704 sq.

Schwedische Reichsräthe, neue, 304. 665. sq. 777

Sponheim, vordere Grafschaft, 818

Stern-Creutz-Ordens-Damen, neue, 652 sq.

Stutgard, Feuersbrust daselbst, 886

Sumatra, Englische Plätze allda gehen verlohren, 420 sq.

Surinam, Friede in diesem Lande, 850 sq.

T.

Thessalonich, Ruin dieser Stadt, 888

Torgau, Schlacht bey dieser Stadt, 26 sq. 805

Toulouse, Parlament muß sich dem Willen des Königs unterwerfen, 728 sq.

Türken-Krieg, wegen Malta wird befürchtet, 405 sq.

V.

Velleja, eine alte Stadt entdeckt, 820

Venedig, Begebenheiten dieser Republik, 813

Venus, dieses Planetens Durchgang durch die Sonnen-Scheibe, 889 sq.

Vesuvius, dessen Toben 878 sq.

Villinghausen, Schlacht bey diesem Orte, 444 sq.

W.

Wengerow, Feuersbrunst daselbst, 886
Wolfenbüttel, von den Franzosen erobert, 746 sq.
  wieder verlassen, 748

* * * * * * * * * * * * * * * * * *

Register
derer Personen, deren in diesem Bande Meldung geschiehet.

A.

Abensberg, Graf, siehe Traun.
Abercorn, Graf, 514. 658
Abri, verw. Herzogin, †. 116
Acciajoli, Card. 310. 674
Acerra, Bischoff, 311
Aderlaß, Major, 54
Adolph Friedrich, König in Schweden, 76. 386. 800 sq.
Ahlefeld, Gr. und Gener. 302
– – Gen. Lieut. 303
– – Geh. Conf. Rath, †. 549
– – Jägermeister, 303
Ahrenschild, Obrister, 780
Aiguillon, Herzog, 358 sq. 365 sq.
Ailesbury, Gräfin, 500
Albani, Card. Alex. 674
– – Prinz geb. 594
Albemarle, Graf, 294
Aleria, Bischoff, 551
Alfieri, General, 307
Aliardy, General, 312
d'Almada, Commandeur, 779
Alten, Obr. Lieut. 313
Altieri, Prälat, 311
Alventos, Marq. 292
Amherst, General, 660
Ancaster, Herzogin, 509
Angern, General, 38. 40
Anhalt, Fürsten, s. Zerbst, Bernburg ꝛc.
– – Schaumburg, Pr. Carl Lud. 827
– – Gr. Wilh. †. 45. 107 sq.
– – neue Herren von, 305 sq.
Anson, Admiral, 297. 509. 510. 513. 661
Antonelli, Card. 674. 675
Appel

deren in diesem Bande Meldung geschieht.

Appelbohm, Major, 349
Arce, Herzog, verm. 587
Aremberg, Herzog, 28. 38. 40
Arenburg, Obrist-Lieut. 321
Arensfeld, Major, 39
Argyle, Herzog, 658. † 460 sq.
Arienzo, Marq. †. 787
Armagh, Erzbischoff, 661
Armentieres, Marq. 293
Aronches, Marq. †. 476 sq.
Artois, Graf, 598
Asch, Obr. Lieut. 299. 604
Aschersleben, General, 53
Asinati, General, 307
Aspermont-Linden, siehe Linden.
Atsol, Herzog, 524
Attemps, Comtesse, 652
Avellanada, Marq. 655
Aversa, Bischoff, 309
Auersberg, Fürstin, †. 457 sq.
Augspurg, Bischoff, 284. 827
Augustus III. König in Pohlen, 73 sq. 801 sq.
Aviles, Marquis, 292
Auxerre, Bischoff, 293
Ayasas, General, 38. 626
Azad Chan, 856 sq.

B.

Bachow von Echt, neuer Graf, 771
Baden-Baden, Marggr. †. 542 sq. neuer 546. 771
= = Durlach, s. Durlach.
Bajardi, Prälat, 311
Bajazeth, Türk. Prinz, 85
Bald, Graf, 826
Baldeschi, Prälat, 309
Bandemer, Gener. 53. 581
Banowski, General, 139
Barco, Obr. 645. 648
Bardi, Cardinal, †. 175
Barkozzi, Prälat, 651
Barrington, Lord, 297. 659
Barri, Obrister, 857
Batavia, Gen. Gouvern. †. 105
Baudissin, General, 300
Bauer, Obr. Lieut. 339. 442
Baumgärtner, Major, 307
Baußner, Ober-Land-Commiss. 772
Bayern, Churfürst, 89 sq. 816. 817
= = Cardinal, 93. 284. 673. 824
Bayreuth, Marggraf, 826
Beauchamp, William, 660
Beauveau, Prinz, 455. 733. 742
Bechart, Obr. Lieut. 288
Beck, General, 46. 55. 613 sq. 617. 626. 642. 648
= = Paul, 99 sq.

Bed=

Register derer Personen,

Bedford, Herzog, 71. 296.
524. 525. 776
Bers, Graf,   † 163
Beja, verw. Herzogin, †
492
Beira, Prinz, geb. 592 sq.
685
Bellegarde, Graf,   823
Belling, Dbrister, 703 sqq.
Bellisle, Marschall, †. 156.
Leben,   186 sqq.
Boljunce, Vicomte, 335 sq.
350. 437. 441. 449. 730.
732 sq. 735. 741. 743
Bengalen, Nabab,   432
Benicke, Dprister,   54
Bentheim, Gr. Fr. Carl,
101
Betk, Dprister,   782
Berg, Gener. 611 sq. 621.
839. 841
Bergben, Brigadier, 775
Berikowski, Major, 670
Bernburg, Prinz, Pr. Gen.
143. 638. 642 sq.
Berner, Präsidente,   680
Berry, Herzog, 175. 597 sq.
654
Berryer, Siegel-Verwahrer,   773
Bery, Abt,   293
Besancon, Erzbischoff, s.
Choiseul.
Bethlen, General, 139.
609. 616. 637. 645 sq.
649
Bevern, Herzog,   604
= = Prinz, Carl,   72

Beulwitz, Stifts-Canzler,
860
Bibow, General, 33. 40
Bielke, Reichsrath, 666
Billerbeck, Dbr. 54. 714
Birkenjeld, Prinz Wilh.
†. 111
la Blachette, Brig. 454
Blackeney Gener. 660. †.
537. dessen Leben 761 sq.
Blacke, siehe Delaval.
Blenac, General zur See,
361
Block, Dbr.   317
Boisclereau, Brig. 455.
758
Blonay, Gener.   308
Blümegen, Graf,   289
Blum, Reichshofrath, 200
Blumenthal, Obr. lieut.
verm.   588
Bobadella, Graf,   690
Bock, General, 313. 324.
338. 754
= = Dbr.   780
Bodmann, Baron,   312
Bogathi, Vice-Oberland-Commiss.   771
Boblen, Dbrist. 306. 743.
745
= = Major,   833
Bolingbrok, Vicomtin,
518
Bolton, Herzog,   524
Bonde, Reichsrath, 666
Boothley, Dbrst-Stallm.
657
Bort, Graf,   670
Borie,

deren in diesem Bande Meldung geschiehet.

Borie, Baron, 289
Boscawen, Admir. †.159
Boston Lord, 297
Botta, General, 139
Boufflers, Brigad. 455
Bourgogne, Herzog, 91 sq. †.173
Brackel, General, 314
Braganza, Herzog, 38
Brandenburg, Marggr. Carl, 52. 53. 641
= = Bayreuth, s. Bayreuth.
Brasilien, Prinzeßin, Sohn geb. 592
Braun, Gener. 54. 641 sq.
Braunschweig, Herzog, 71. 455. 745. 825
= = Erb-Prinz, 328 sq. 331 sq. 339 sq. 435 sq. 731 sq. 748 sq. 753 sq.
= = Herzog Ferd. 324 sq. 328 sq. 436. 504. 728 sqq.
= = Prinz Heinr. 436. 729 †.527
= = Prinz Friedr. 436. 736. 745. 748 sq. 755
= = Prinzeßin Soph. Car. Mar. 499
= = Prinzeßin Elis. Christ. Ulr. 500
Bredow, Gener. Major, †.540
Breitenbach, Gener. 313. 328 sq. 541. †.172
Bremer, Obr. 314
= = Major, 319. 320
Brempt, Brigadier, 308

Brentano, Gener. 613 sq. 643. 645 sq. 649
Brest in Lieb. Castellan, 667
Bretlach, General, 290. 576. 650
Breton, Ritter, 526
Briocca, Brig. 308
Brionna, Graf, †.475
Broadalbin, Graf, 658
Bröckel, Obr. Lieut. 680
Brösicke, Major, 54
Broglio, Marschall, 323 sq. 332 sq. 340 sq. 352 sq. 434 sq. 455. 457. 728 sqq. Sohn geb. 595
= = Graf, 294. 337 sq. 353
Brüggen, General, 317. 320
Brühl, Gr. Fri.dr. 300. 667
Brunk, Obr. Lieut. 314
Buccow, General, 28. 38. 40. 287. 290. 773
Buchwald, Ober-Hof-Marsch. †.173
Bückeburg, Graf, 333. 335. 338. 436
Bülow, Pr. General, 39. 52. 53. 642
= = Obrister, 299
= = Geheimer Rath, 303
= = Hauptmann, 576
= = Gr. Ernst Aug. verm. 591
Buoncompagno, Prinz, s. Arce.
Busch, General, †.540

Mmm 4 Busch,

Busch, Obrister, 780
Bussy, Gesandter, 380.
    382 sq. 516
Bute, Graf, 295. 375.
    519. 658 659
- - Gräfin, 290. 501
Butler, Major, †. 331
Butturlin, Feld-Marsch.
    599 sq. 605 sq. 610 sq.
    647 sq. 839
Bntzke, Obr. 53. 54

C.

Cadaval, verw. Herzogin,
    †. 474
Cäsarini, Herzogin, 653
    verm. 587
Cambefort, Obrister, 349.
    439
Cambis, Marq. 656
Campitelli, General, 139.
    626
Canillac, Abt, †. 173
Canitz, General, 53
Cantaloupe, Lord, 517
Canterbury, Erzbischoff.
    515 sq. 520. 521
Capitain Passa, 315
Caprara, Cardinal, 676.
    677
- - Prälat, 309
Capris, Graf, 676
Capuciner-General,
    neuer, 672
Caraccioli, Cardinal, 674
- - Obrister, 792
- - P. Joh. Bapt. 309

Caraffa, Don Lelio, †.
    787
Caraman, Marq. 655.
    736
Caramelli, General, 139
Carlisle, Bischoff, 524
Carlsburg, Obrister, 319
Carlson Eduard, †. 181
Carlton, Obr. 357
Carnitz, Graf, 305. verm.
    588.
Carnock, Major, 849
Carolath, Fürstin, †. 548
Carolus III. König in
    Spanien, 60 sq. 388 sq.
    792 sq.
Carolus Emanuel König
    in Sardinien, 59. 67.
    80 sq. 410. 808. 811
Carros, Brig. 308
Carysford, Lord, 660
Casale, Prälat, 677
Cassel, siehe Hessen.
Castagnola, Joseph, 778
Castion, Brig. 309
Castries, Marq. 729
Cathcart, Lord, 658
Cavalchini, Cardinal, 672
Cavarno-Grimaldi, Don
    Joseph, 291
Cavendish, Lord, 776
Cenci, Cardinal, 676. 677
de la Cerda, Cardinal 292.
    311. 675
Cervellone, Graf, †. 103
Ceva, Prälat, 676
Ceylon, König, 849 sq.

Chabot,

deren in diesem Bande Meldung geschiehet.

Chabot, Graf, 437. 440.
456. 729
Chambeau, General, 734
Chandlos, Feltmarschall,
† 169
dessen Witwe, 290
Chateluse, Obr. 455
Chattam, neue Baronin,
775 sq.
Chauborant, Graf, 656
Chaulnes, Herzog, 720
Chelin, Bischoff, 667
Chevert, General, 340.
434. 435 sq. 749. 754
Chevreuse, Herzog, 457
Choiseul, Cardinal, 675
= = Herzog, 292. 377 sq.
774. 795. 796
= = Graf, 393. 773. 774
Cirie, General, 303
Clarelli, Prälat, 310
Clarikard, Graf, 661
Clauder, Geh. Kriegsrath,
300
Clemens XIII. Römischer
Pabst, 83 sq. 682 sq.
685 sq. 812 sq.
Clermont = Amboise,
Marq. 559
= = Renel, Comt. verm.
588
Clive, Graf, 71
= = Obrist. 776
Closen, Gener. 341 sq.
344 sq. 441. 450 sq. 454.
456. 655. 729 sq. 733.
735. 743 sq.

Coate, Obrister, 429 sq.
425
Cölln, Churfürst, 88. †.
167. dessen Leben, 243 sq.
= = neuer Churfürst, 253
sq. 818
Coigni, Graf, 656
Colindres, P. Paulus 672
Collignon, Obrist. 336
Colloredo, Gr. Hr. 771
Colonna, Card. Hier. 109
= = Prälat, 677
Colville Lord, †. 166
Comeiras, Marq. 752
Como, Bischoff, 311
Concordia, Bischoff, 310
Conde Prinz, 443. 452.
456. 729. 749. 750.
754
Condom, Bischoff, 294
Conflans, Marq. 656. 750
sq. 754. 774
Conti, Cardinal, 311. 674.
675
Conty, Prinz, 718. 719.
720 sq.
Conway, General, 500
Corbiere, Obrister, 602
Cordaba, General, 778
Cordillo, Don Pedro, 292
Cordoua, Gräfin, 183
= = Prälat, siehe Cerda.
Cornish, Admir. 424. 428
Corschwand, Vice=Präsid.
870
Corsini, Card. Ner. 683.
684. 814

Coudenhoven, Baron, 651
Coudray, General, 308
Courbiere, Obr. Lieut. 833. 840
Crahn, Rittmeister, 321
Crawford, General, 361 sq. 366. 368. 661
= = Graf, †. 105
Cremille, General, 292
Crescenzi, Cardinal, 673
Crivelli, Cardinal, 673
Cronburg, siehe König.
Crousaz, General, 308
Croy, Prinz, 442
Culmbach, Marggr. Chr. Ernst, 72
Cumberland, Herzog, 4. 14. 516. 521. 522
da Cunha, Don Louis, 671
= = Don Jos. Bernh. 671
Curland, siehe Pohlen, Pr. Carl.
Cursay, Marq. 343
Cust, Ritter, 658
Czernichew, Gener. 605. 610 sq. 615. 617. 621. 647
Czernin, Gräfin, 653

D.

Dännemark, König, siehe Friedr. V.
= = Cron-Prinz, 73. 800
= = Prinzeßin Sophia Magd. 598. 800
Dalin, Canzley-Rath, 777
Dalke, General, 620
Dalwig, Obrister, 607
Dantzig, Marq. †. 486.
Darmstadt, Prinzeßin geb. 594
Dashwood, Ritter, 659
Daun, Feldmarschall, 26 sq. 28. 31 sq. 56. 289. 625 sq. 629 sq. 636. 772
= = Gräfin, 654
Dauphin, dessen Kinder getauft, 597 sq.
= = dessen Prinzeßin, 596
la Dauphine, Madame, 821
Dehn, General, †. 113 sq.
Deichmann, General, 303
= = Canzleyrath, 664
Delaval, Franc. 660
Delci, Cardinal, †. 472
Derenthal, Hauptmann, †. 185
Devonshire, Herzog, 515. 521. 661
Deutschmeister, †. 167 neuer, 285
Diemar, Obr. Lieut. 734
Dießbach, Gener. 344 sq.
Dieskau, Obr. 41. 44
Dohna, junger Gr. †. 54. 539
Dolgorucki, Gener. 605. 836
Dombasle, General, 38. 40
Doria, Fürst Joh. Andr. 110 sq. 309
Douglas,

deren in diesem Bande Meldung geschiehet.

Douglas, James, 853
Downe, Lord, †.117
Draskowitz, General, 609.
   616. 617. 637. 645 sq.
   649
Drewes, General, 680
Düben, Graf, 777
Düring, Obr. Lieut. 313
Dunmore, Graf, 658
Dunten, Obr. Lieut. 317
Duras, Herzog, 448. 451.
   454. 720. 735
= = Marq. verm. 590
Durlach, Prinz Christoph, 650

E.

Eccard, Reg. Rath, 781
Eckeblad, Reichsrath,
   304. 777
Effern, General, 576
Effingham, Graf, 524
= = Gräfin, 509. 517
Eglington, Graf, 658
Egremont, Graf, 380.
   394. 661. 775. 776.
Ehrenkron, Baron, 777
Ehrenschwerdt, General,
   704 sq. 706 sq.
Ehrenstein, Hofrath, 289
Einsiedel, Cammer-Präsident. 681
Elboeuf, Herzog, 809
Elisabethe I. Russische
   Kayserin, 69 sq.
Elliot, Commerc. Cemiss. 659
Elrichhausen, Gener. 139

Elrod, Baron, 826
Elva, General, 341
Ensenada, Marq. 655
Entier, Major, 670
Erba, Marchese, †. 739
Estain, Graf, 420
Esterhasy, Gr. Nicl. 290
   wird Fürst, 620
= = Gräfin, 653
Estorff, Obrister, 780
Estrees, Marschall, 293
Etwos, Obrister, 648
Eyb, Baron, 289
Eyck, Graf, 780

F.

Fabri, Obr. Lieut. 40
Falkenstein, Obr. Lieut. 680
Falleti, General, 308
Fantuzzi, Cardinal, 674
Farkacz, Obr. Lieut. 535
Fatio, General, 308
Favier, General. 674
du Faye, Major, 142
Ferdinandus IV Könige
   beyder Sicilien. 81 sq.
   808 sq.
Fermor, General, 605.
   840. 841 sq.
Feroari, Obrister, 38
Ferroni, Cardinal, 674.
   815
la Ferronays, Ritter, †. 470
Fetsch Ali-Chan, 856 sq.

Finken-

Finkenstein, General, 39.
52. 53
Firrao, Prälat, 309
Fischer, General, 342 sq.
349. 655
Fitzjames, Herzog, 720
Flans., General, 641. 669
Flemming, Sächs. Obr.
319
Fleury, Bailli, 416
Fludyrer, Ritter, 777.
867
Fogliani, Marq. 778
Forbes, Admir. Commiss.
297
Forcade, General, 53
For. Heinr. 871
Francia, Don Nicol.
773
Franciscus I. Römischer
Kayser, 384 sq. 394 sq.
Frankreich, König, siehe
Lud. XV.
= = Prinzeßinnen, 809.
821
= = Prinzeßin Adelheit, 822
Freytag, General, 679.
734. 742. 745. 755.
757 sq.
Fridericus II. König in
Preussen, 22. 30 sq.
52 sq. 56 sq. 75. 138.
374. 377. 395 sq. 415.
504. 607 sq. 625 sq.
628 sq. 640 sq. 804 sq.
Fridericus V. König in
Dännemark, 71 sq. 548.
662 sq. 799 sq.

Friderik, Carl, 660
Friedrichs, Obr. Lieut.
314
Friesendorf, Reichsrath,
304
Friesenhausen, Obr. Lieut.
314
Fuente Hermosa, Marq.
292
Fugger, Gr. Max. Jos.
Fr. † 469
= = General, 576

G.

Gablenz, General, 53. 54.
641.
Gabrieli, Prälat, 310
Galeani, Marq. 291
Gallean, Fürst, 302.
667
Galli, Cardinal, 814
Gallizin, Fürst, 371
= = General, 605
Gautes, Marq. 454
Gazzola, Graf, 655
Geer, Hofmarschall, 777
Gemmingen, Baron,
395 sq.
Georgien, Fürst Teimu-
ras, 855 sq.
Georgius II. König von
Großbritannien, 70
wird begraben, 14
Georgius III. neuer Kö-
nig von Großbritan-
nien, 75. 374. 377 sq.
395 sq. 427. 796 sq.
869 sq.

deren in diesem Bande Meldung geschiehet.

869 sq. dessen Vermäh=
lung, 499 sq. Krönung,
              519 sq.
Geschrey, General, 307.
              736. 743.
Giannini, General, 139
Gibbons, John,   660
Gilse, General, 333. 337
      sq. 741
Gleichen, Geh. Rath, †.
              487
Gnesen, Castellan, 667
Goldacker, Obrister, 680
Golowkin, Gr. Alex. †.
              103
Golze, General, 139. 143.
144 sq. 637 sq. 668. †.
  483.   dessen Bruder,
             485 sq.
- - Rittmeister,   632
Gonde, Obrist=Lieut.
            308 sq.
Gonzaga, Prälat,   677
Gößnitz, General,   668
Gorry, Rittmeister, 440
Gotha, Herzog,   402
- - Prinzeßin,   500
Gotter, Graf,   508
Gourcy, General,   576
Grabow, Dähn. Gener.
              662
Grabowski, Rittmeister,
              606
Gräfenstein, Major, 641
Grafton, Herzog, Sohn
  geb.   595
Gran, Erzbischoff, 651

Gramby, Marq. 330 sq.
351. 437. 447. 450 sq.
456. 504. 657. 731.
  735. 737. 755 sq.
Grandmaison, Obr. 736.
           744. 758
Grantham, Lord,   296
Granville, Graf,   295
Gray, James,   660
Grebel, Obrister,   847
Grechtler, General, 290
Greem, David,   518
Greenville, Gesandter,
              415
- - James,   776
Greiffenheim, Gesandter,
          384. 395
Greiner, Geheim. Rath,
              781
Griboval, General, 139
Griffin, General,   660
Grimaldi, s. Cavarno.
le Groin, Gener. 449 sq.
Grooth, Landshauptm.
              666
Großbritannien, König,
  s. Georgius.
- - neue Königin, 502 sq.
- - Prinzen und Prinzes-
   sinnen,   525
- - Prinzeßin Aug. 515.
         522. 524
- - Prinzeßin Amalia, 867
Großatesta, Abt. † 784
Großvenor, Lord,   296
Großvezier,   815 sq.
Grothaus, General, 314

Grumb-

Grumbkow, Gener. 53
Gruner, General, 302
Gualtiera, Cardinal, 81.
  673. † 488
Guasco, General, 575.
  580
Guerchy, Graf, 443. 450.
  454
Guglielmi, Cardinal, 674
Guibert, General, 455
Guimene, Fürst, verm.
  586
  Prinzeßin geb. 595
Gnischard, siehe Quintus.
Gurk, Bischoff, neuer,
  771
Gurowski, Cammerherr,
  605. 666

H.

Haag, Obr. Lieut. 40
Haaren, Onno Zwier van,
  873
Haddick, General, 573 sq.
  581 sq. 631. 633. 635.
  636
Häßler, Geh. Rath, 394
Hagenest, Obrister, 681
Hallifax, Graf, 296
Hamilton, Reichsrath, 305
= = Herzogin, 509. 517
= = junger Graf, 707
Hammerstein, General, †.
  183
Harcourt, Engl. Graf,
  507. 510. 513. 518

Hardenberg, General,
  328. 741
Hardwick, Graf, 776
Harrach, Obr. 40
Harsch, General, 139
Haßlangen, Graf, 312
Hauch, General, 303
Haugwitz, Graf, 288
Havre, Herzog, 450. 453.
  † 490
Hausen, General, 305
Hay, Admir. Commiss.
  297
Hayter, Doctor, 775
Hegersberg, General, 312
Heer, Major, 306
Heide, Obr. Lieut. 680
Heilsberger, Major, 54
Hendrich, Präsident, 781
Henley, Lord, 7. 294. 521
Henning, Obr. Lieut. 782
Henrichemont, Fürst,
  Tochter geb. 596
Heraclius, Fürst, 855 sq.
Herberstein, General, 38.
  39. † 104
= = Obr. Lieut. 40
= = Prälat, 311
Hereford, Vicomte, †
  495
= = Bischoff, 524
Hermanson, Staats-Secret. 777
Hermosilla, Don Joseph,
  793
Herrmann, Obr. Lieut.
  40

Her=

deren in diesem Bande Meldung geschiehet.

Herzelles, Marquisin, 652
Hessen-Cassel, Landgr. 71. 95. 825
= = Landgräfin, 95. 826.
= = Pr. Carl, 599
= Darmstadt, siehe Darmstadt.
= Homburg, verw. Landgr. †. 782
= Philippsthal Landgr. 95
= = Prinz Wilh. †. 464
= = Prinzeßin, †. 785
Hessenstein, Gener. 39. 705. 706 sq. 833 sq.
Heyden, Obrister, 829 sq. 844 sq.
Hierta, Obr. Lieut. 711
Hildburghausen, Herzog, 72
= = Prinz, 72
Hildesheim, Bischoff, †. 167
Hinüber, Staats-Secr. 313
Hirschberg, Comtesse, 653
Hoadly, siehe Winchester.
Hodenberg, General, 313. 324. 326
Hodges, Schiffs-Capitain, 431
Hogdson, General, 355. 359 sq. 363 sq.
Höpken, Reichsrath, 76. 304. 664 sq.
Hofmann, Obrister, 39. † 107
= = Justizrath, 664

Hohendorf, Major, 705
Hogendorp, 873
Hohenlohe-Bartenstein, Fürst, 827
= = = = = Prinz, 651
= = Schillingsfürst, Erbprinz verm. 587
= = = Ingelfingen, verw. Gräfin, † 550
= = = = = junger Graf, † 464
= = = = Langenburg, Gr. verm. 589
Hohnhorst, Obr. Lieut. 314
Hohnstock, Major, 306
Holderneß, Graf, † 22 295 297 501
Hollmer, General, 844. 847
Holstein-Gottorp, Prinz George, 51 53 627
= = = Glücksburg, Herzog, 72
= = = = = Prinz Carl Ernst † 532
= = Plön, Herzog, 72 † 546 799 sq.
= = Beck, Pr. Carl Lud. 298
= = Augustsburg, Herzog, 303
= = = = Prinz Emil. 303
Homburg, Graf, 849
Home, Graf, 658 † 468
Hop, General, 678 † 787
Horain, Landbothe, 782

Hor=

Horcasitas, Gen. Schatz-
  meister   † 542
Horn, Reichsrath, 304.
                305. 666
Hornburg, neuer Graf,
                    829
Howe, Lady,   501
Hueber, Obrister,   40
Hughes, Schiffs-Capit.
               427. 428
Hügel, Obr.   343
Hülsen, General, 31. 53.
                55. 630
Humbert, Geh. Rath, †
                    167
Hund, Major, 577. † 579
Hunter, Admir. Cmniss.
                    297
Huntingdon, Graf, 524.
                    659
Huske, Gener. †   159
Huth, Obrister,   737
Hutten, Card.   675

J

Jablonowski,   Fürst,
                    667
= = = Fürstin,   653
Jacoblew, General   842
Jansen, Brig.   636
Janus, Gener.   645
Jara, Herzog, Tochter
  verm.   587
Jeffery, General,   660
Jennert, Brig.   732
Jeneys, Commerc. Com-
  missarius   659

Jmhof, Gen ral,   747
Jngenhafen, Gener. 303
Ingenheim, Gener.   312
Ingersleben, Obr. Lieut.
                    602
Insenstiern, Hofmarsch.
                    304
Jonquieres, Obr.   314.
                    680
Josephus I König in
  Portugall, 65. 79. sq.
  682. sq. 685. 690. sq.
  693. sq. kriegt einen
  Enkel, 592. 685. 806 sq.
Isenburg Fürst,   667
= = Prinzeßin geb. 594
= = Graf, Pr. Offic.
                    700
Jettner, Obr.   39
Guel, General,   303

K.

Kaib, Cammer-Präsid.
                    781
Kalbermatten, General,
                    307
Kalkreut, Gener.   778
Karnowski, Landbothe,
                    782
Katt, Staats-Minister,
                  † 102
Kavanag, Obrister, 40.
                    317
Kaunitz, Graf,   288
Kayser, Römischer, siehe
  Franc. I.
= = Türkischer, s. Must. III.
Kayserin,

deren in diesem Bande Meldung geschiehet.

Kayserin, Rußische, siehe Elisab. I.
= = Römische, s. Maria Theresia.
Kayserling, Graf, 394
Katzler, General, †.106
Keppel, Commandeur, 355 sq.
Kerim Chan, 858
Kielmannsegg, Gener. 324. 334. 3.1.439.732. 735. Tochter verm. 591
Kinski, Graf, verm. 589
Kiow, Bischoff, 300
Kißing. Obr. 40
Kleefeld, General, 576. 580. 581. 582 sq.
Kleist, Pr. Gener. 54. 669
= = Cölln. Gener. 577 sq.
= = Pr. Obr. 47. 54. 306. 582. 618. 630. 632 sq. 839
= = Kriegsrath, 701
Klingenberg, Gener. 316 sq. 320 sq.
Klingenstierna, Canzley-Rath, 777
Knipbausen, Baron, 22. 75. 375
Knobloch, General, 608 sq. 615 sq. 617 sq. 641. 645. 841
Koch, Obrister, 40
König von Cronburg 289
Königsbrunn, Obr. Lieut. 40
Königseck, Gr. May. Fr. 283
G. H. Nachr. 159. 160.

Kobari, Gräfin, 653
Kohring, Lieut. 710
Kordshagen. Lieut. 322
Kornis, Gr. Anton, 772
Korsenski Graf, 290
Kottwitz Obr. 670
Krasnoschatow, Brigad. 610
Krockow, Gener. 53
Krusemark Gen. 628 sq.
Kursch, Major, 322

L.

Labadie, Obr. 670
Lacou, Commerc. Commiss. 659
Laffert, Canzley-Direct. 313
Lafoens, Herzog, †.476
Lagerberg, Graf, 777
Lally Gener. 414 sq. 430
Lamberg Cardin. †.487
= = Fürst, verm. 586
Lambertini, Don Cajar, 828
Lameth Graf, †.467
Langen Obr. Lieut. 313
Lanius. Obr 40
Launion Graf, 355
Lanti, Prälat, 676
Laon. Bischoff, 293. siehe Rochechouart.
Larrey, Gouv. 430
Larumbe, Don Raym. 654
Lasci, General, 29 sq. 38. 46. 54 sq. 625. 631 sq. 635. 640

Th. Nnn Laß=

Register derer Personen,

Laßberg, Major, 329
P. Latilla, Beichtvater, 811
Lattorff, General, 140
Laval, Graf, †783
= = Herzog, 784
Laudohn, General, 139 sq. 287. 608 sqq. 621. 637 sqq. 644 sq. 772
Law, Gener. 848 sq.
Legge, Canzler des Erch. 295
Leiningen, junger Graf, †331. 487
= = verw. Gräfin, †493
Lenczicz, Castellan, 667
Lenthen, General, 308
Lentulus, General, 641
Levis, Ritter, 655
Levizzani, Graf, 781
Leuwen, Obr. 40
Lichtenstein, Prinzeßin, verm. 590
Limburg, Obr. Lieut. 680
Linden, Feld-Marsch. 289. 652
= = Pr. General, 54. 55. 305. 579. 580
Linsing, Major, 314
Linstow, Obr. Lieut. 449
Lippe-Buckeburg, siehe Buckeburg.
Lipski, Rittm. 143
Lisieux, Bischoff, 293
Lodron, Graf, 678
Löllhöfel, Obr. 316. 320 sq.
= = Lieut. 143

Löpel, Brig. 606
Löwen, Reichsrath, 304
Löwenstein, Prinz, Gen. 38
= = Prinzeßin, verm. 587
= = Comtesse, verm. 590
Lohrfeld, Gener. 315
London, Bischoff, †492. neuer, 775
= = Lord Maire, neuer, 777
Longeprie, Gouvern. 853
Lopacinski, Johann, 667
Loßow, Obr. 54. 144. 606. 670
Lostanges Ritter, 656
Lothringen, Prinz Carl, 90. 285 sq. 772. 819 sq.
= = Prinzeßin Charl. 91. 820
Loudon Graf, 658
Lozow, Major, 305
Lubomirski, Fürst Ant. †491
= = Fürst Franc. 666
Lucca, Erzbischoff, 783
Luckner, General, 313. 324. 327 sq. 332 sq. 336. 341 sq. 344 sqq. 437. 440. 456. 728. 731 sqq. 744 sq. 748 sq. 779
Ludovicus XV. König in Frankreich, 66 sq. 351 sq. 373. 377 sq. 718 sq. 723 sq. 773. 794 sq.
Lübecker, General, 704 sq.
Lusinski,

deren in diesem Bande Meldung geschiehet.

Lusinski, General, 584 sq. 613 sq. 617. 643. 645 sq.
= = Landbothe, 74

M.

Macedonia, Herzogin, verm. 592
Mackan, Gesandter, 384
Mackfield Lord, 7
Maffei Prälat, 677
Malachowski, Landbothe, 74. 802
Malagrida, P. Gabriel, 694 sq.
Malta, Großmeist. 407 sq.
Manchester, Herzog, 517. 524
Mandterscheidt = Blankenheim, Gr. 285
Manelli, Prälat, 309
Manri, siehe Mauri.
Mansberg, General, 324. 349. 745
Mantica, Prälat, 816
Manto, Don Anton, 292
Manzadoro, P. Pius, 310
Maguire, Gener. 625. 631
March, Graf, 658
la Marche, Graf, 720 sq.
Marchmont, Graf, 658
Maria Theresia Kayserin, Königin in Ungarn, 25 sq. 56. 58 sq. 372 sq. 380. 644. 791 sq.
Marocco, Kayser, 808
Marshall, Graf, 295

Marshall, Cron-Postmeister, 869
= = Obrister, †. 126
Martigni General, 139
Martinow, Admiral, 830
Mascov, Hoffrath, †. 471
Masrozzi, Prälat, 678
Maskalski, Joseph, 667
Masurti, General, †. 308
Maßow, Gener. †. 495
= = Major, 54
Matalona Herzog, 788
Maupeau, Marq. 330. 450. 454. 729. Tochter, 784
Mauri, Marq. 671. 778
Maydel Meyer, †. 331
Meagher, General, 43
Mecklenburg Schwerin, Herzog, 94. 697 sq. 714
= = Strelitz, Herzog, 508
= = = Prinz Carl, 780
= = = Prinzeßin Charlotte, 503. wird Königin in Engelland und 502 sq. verm. 515 sq. gekrönt, 521 sq.
= = Mirow, verw. Herzogin, †. 474
Meinecke, Gener. 53. 669
Meinungen, Prinz, †. 178
ein anderer geb. 503
Melcombe Regis, Lord, 207
Meldola Fürst, s. Pamfili.
Melfi Fürst, s. Doria.
Mellin, General, 642
= = Graf, †. 184

de Mello, Don Nuno, 696
Mendoza, Cardinal, †. 154
— — Don Franc. 671
du Menil, General, 457.
773
Merlini, Cardinal, 674
Mervilli, Obr. 853
Mezenguy Abt, 853
Meyer, Pr. Gener. 53
— — Card. Gener. 308
— — Major, 807
Meyerfeld, Obr. Lieut.
707
Meyronnet, Gener. 450
Metz Bischoff, 294
Migazzi, Card. 675. 677
— — General, 38. 40
Miltitz, Major, 38
Minsk. Castellan, 667
Modena, Herzog, 827
— — Herzogin, †. 149 sq.
— — Erb-Prinz, 827
— — Ritter, 153. 452
Möhring, Gener. 642
Möllendorf, Gener. 642.
670
Möller, Obrister, 41
Mogul, der Große, 849 sq.
Molk Feldmarschall, 652
Moldau, Fürst, 681
Molino Cardinal, 676
Moltke, Ober-Hofmarsch.
730
— — Gr. Casp. Herrm.
Gottl. 778
— — Gr. Magnus, 778
— — Gr. Gerrae, 778
Monette, Dr. 743

Monro, Schiffs-Cap. 431
Monson, General, 425
Montalto, General, 307
— — Bischoff, 311
Montauban, Prinz, 724
Montazet Generals, 34
Montchenu, Marq. 329.
348
Montfort, Obr. Lieut.
455
Montgomery, Obr. Lieut.
5. 8
Monti, General, 454
Montiano, Don Manuel,
291
Montier, Marq. 319
Montmorancy, Herzog, †.
466. Sohn, †. 486
la Mora, siehe Falleti,
Moreno, Don Pietro, 291
Morton Graf, 658
Moßel, Gener. Gouvern.
†. 105
Msislau, Castell. †. 463
Mufti, 816
Müfling, General, 139
Müller, Obrister, 780
Münster, Bischoff, †. 167
Murray, Graf, 658
Mustapha I. I. Türkischer
Kayser, 84 sq. 411 sq.
569 sq. 794. 806. 815 sq.
Prinz, geb. 596
Muy, Gener. 340 sq. 342.
351. 441. 730. 733. 736

N.
Nangy, General, 308
Nat-

deren in diesem Bande Meldung geschiehet.

Narbonne, Erzbischoff, 84. 597
 = Marquis, 331. 655
Naßau, siehe Usingen, Weilburg, ꝛc.
Nath, Graf, verm. 591
Natta, Cardinal, 676
Naundorf, General, 142. 143. 582
Neider, Obr. Lieut. 318
Nepita, General, 681
Neuwied, General, 877
Newadomski, Brig. 832
Newcastle, Herzog, 519. 659
Noailles, Marschall, 720
 = Comtesse, verm. 590
Normann, Pr. Gen. 669
 = Oest. Obr. 38
North, Lord, 659
Northampton, Graf, 524
Northumberland, Gr. 296. 517
 = Gräfin, 517
Norwich, Bischoff, 775
Nostitz, Dähn. Gen. 303

Oberkäß, Hauptm. 604
Obyre, Comtesse, 653
Oconnor sieh. Phali.
Odonell, General, 28. 35. 38. 55 sq. 625. 632. 641. 642. 644. 773
Oels, Herzog, † 784 sq.
Oertz, Graf, 302

Oesterreich, Erzh. Joseph, 59. 8. 9
 = Erzh. Carl, 5 f. † 147 sq.
 = Erzh. Peter Leopold, 59. 742
Oettingen-Baldern, Gr. verm. 587
Oyras, Graf, 79. 683
Oheim, General, 330. 333. 680. 73. 738. 754
Ollmütz, Bischoff, † 108. neuer, 290
Onslow, Arthur, 297
Oranien, Prinz, 824
Ordegnans, Don Paul Aug. 654
O Reilli, Don Alex. 291
Origny, Ritter, 349
Orleans, Herzog, 718 sq. 721
Oroz, Obrister, 40
Orsi Card. 814. † 472
Orsini, Card. 81
Osnabrück, Bischoff, † 167
Osorio, Don Diego Mar. 291
Ostein, Graf, 650
Ost-Frießland, verw. Fürstin, † 786
Oswald, Schatz-Commiss. 651
Otto, Hauptm. 575. 582. 584
Outreqvin, Jean, 775
Owstin, Major, 839

Nnn 3 P

Register derer Personen.

P.

Pabst, siehe Clemens XIII.
Pac, Nuntius, 607
Paderborn, Bischoff, t.
Palafox, Prälat, 676
Palmbach, General, 610
Palmstierna, Reichsrath,
 665. 666
Pamfili, Fürst, † 109
Panin, General, 842
Pannewitz, Major, 835
Paolucci, Cardinal, 673
Paris, Erzbischoff, 48.715
Parma, Herzog, 820
Paßku, Bischoff, † 488
 neuer, 770
Passionei, Card. † 487
 Leben, 551 sq.
Pauli, Etats Rath, 800
Paszowski, Rittm. 143
Pechlin, Obrister, 304
Pelham, Admiral Com=
 miff. 297
Pellegrini, Prälat, 311
Pergen, Graf, 283. 394
Perlas, Graf, verm. 590.
 653
Pfalz, Churfürst, 816. 817
 Sohn, eb. 594
 = Birkenfeld, siehe Bir=
 kenfeld.
Pfeil, Rittmeister, 602
Phali, Don Bernardo,
 291
Philippi, Obr. Lieut. 40
Piccolomini, Prälat, 677
Pierag, Obrister, 40

Pinto, Brigadier, 309
Piombino, Prinz verm.
 587
Piosasqve General, 312
Pirch, General, † 538
Pitt, Wilhelm, 4. 295. 377
 sq. 519. 658. 775. 859
 sq. Gemahlin, 775 sq.
 Sohn, 776
Platen, General, 53. 617.
 618. 620 sq. 641. 647.
 710. 837 sq. 841 sq.
 = Domherr, verm. 591
Plesse, Gr. Helmuth, † 181
Pleßen, Ober=Hofmarsch.
 † 538
Plettenberg, General, 606
Plön, Herzog, s. Holstein.
Plomgren, Director, 777
Plotho, Gesandter, 395 sq.
Pocock, Admiral, 295. 660
Podowils, Graf, † 114
 = Obr. Lieut. 635
Podoski, Cron=Referend.
 803
Podscharly, Major, 839
Pollnitz, General, 94
Poblen, König, s. Aug. III.
 = = Prinz Xav 90. 316 sq.
 351. 437. 441. 447. 456.
 729 sq. 733 sq. 743 sq.
 746 sq.
 = = Prinz Carl, 91. 802.
 823 sq.
 = = Prinz Albert, 38. 57.
 60. 93. 631. 634 sq. 822
 = = Prinz Clemens, 38. 57.
 60. 93. 822 sq.
 Polens

deren in diesem Bande Meldung geschiehet.

Polanski, Admiral, 830
Pombeiro, Gräfin, 671
Pomeiski, General, 641. 669
Pompadour, Marquisin, 69.
Poniatowski, Cron-Cammerherr, 300
= = Obrister, 40
Popow Doriss, 602
Portugall, König, siehe Joh. I.
= = Königin, 80
= = Infant. Eman. 90
= = Infant. geb. 592
Posen. Woywode, 667
Posfout, Obr. 40
Poßedy, General, 139
Post, General, 314
Potenza, Bischoff, 311
Powis, Graf, 776
Poyannes, Marq. 345. 348 sq. 437
Prätendente, der alte, 98 sq.
= = der junge, 99
Premislau-Bischoff, 312
Prettier, Obr. Lieut. 40
Preussen, König, siehe Friedr. II.
= = Königin, 75. 806
= = Pr. Heinrich, 625. 629. 630. 637
= = Pr. Ferd. Prinzessin geb. 593
= = Prinzen, 75. 627
Preyßing, Gr. Joh. Carl Jos. 781

= = Gräfin, 654
= = Baron Aloys. 679
Prittwitz, Major, 322 sq. 326. 578.
Provana, Brig. 309
Provence, Graf, 597 sq.
Pücklet, Comtesse, 307. verm. 589.

Q.

Queis, General, 53
Quernheim, Obr. Lieut. 314
Qvintus Icilius, Obr. 305

R.

Raab, Graf, 876
Ramdohr, Obr. Lieut. 680
Rammin, Gener. 53. 640. 642.
Rannuzzi, Gräfin, 302
Rautenkranz, verst. Generals Leben, 118 sq.
Reggio, Erzbischoff, 310
Reinbaben, Ober-Cammerich, 781
Reischach, Baron, 877
= = Baronin, † 486
= = Baronesse, † 167
Reitzenstein, Pr. Obr. Lieut. 618. 641
= = Sächs. Obr. Lieut. 48
Rennekamp, Gener. 847
Rennes, Bischoff, 68
Revello, General, 308
Reuß, Gräfin, † 14

Reuß,

Register derer Personen,

Reuß, Graiz, Gr. geb. 596
= Ebersdorf, Gr. geb. 5, 6
Rer Graf, 394
Rexin, Gesandter, 8. 6
Rezzonico, Card. 674
= Don Jo. Bapt. 674. 677
= Don Lud. 84. 309
= Donna Faustina, 678
Rheden, General, 313. 324. 326. 3 ,6. f. 179
Rheingräfin zu Grehweiler, †. 178
Rheingrafenstein, Comt. †. 487
eine andere geb. 596
Rheinstein, siehe Tättenbach.
Rice, Commerc: Commiss. 659
Richelmi, Brig. 309
Richmond, Herzog, 524
Rieben, Dritter, 40
Ried, General, 31. 634
Riedesel, Obr. Lieut. 440
Rieppur, Gener. 303
Rieti, Bischoff, 310
Riva Aguero, Gener. 2 1
Rivaldi Prälat, 676
Rober, Gener. 454
Robinson Ritter, 526
della Rocca, Marq. 308
Roccella, Herzog, verm. 587
Rochambeau, Marq. 342 sq. 344. 348 sq. 454. 732

Rochechouart, Card. 293. 675. 676
= = Marq. 450. 454
Rochester, Bischoff, 524
Rockingham, Marq. 520. 521. 522
Rodenhausen, Baron, 667
Roor, Gener. 583
Röbel Gener. 305
Rohan, Cardin. 675
= = Prinz verm. 586. siehe Guimene.
Rollo, Lord, 853
Romanzow, Gener. 829 sq. 834 sq.
Rooke, Major, 367
Rosee, Gener. 312
Rosenfeld, Gener. 574. 576
Rosos, Don Joseph, 292
Rossi, Cardinal, 674
Roth, General, 139.
= = Fr. General, 456. 729
Rothenburg, Gen. †. 748
Rothes, Graf. 658
Rothkirch, General, 781
Rothschütz, Obr. Lieut. 27. 29
Rouge, Marq. 329. 341. 345. 348. 452. 454. 656. †. 494.
= = Graf, 454
Rouille, Staats-Minister, †. 536
Royer, Marq. 435
Rudenschiold, Reichsrath, 304.

Russische

deren in diesem Bande Meldung geschiehet.

Rußische Kayserin, siehe Elisab. I.
Rutland, Herzog, 524. 659

S.

St. Andre, Fr. Gener. †. 539
St. Anna, Graf, 655.
St. Buono, Fürst, Sohn geb. 596
St. Croce, verw. Fürstin, †. 165
St. Croix, Brig. 356 sq. 657
St. Emeran, Abt, 816
St. Francisco, P. Phil. 310
St. Germain, Graf, 301
— ein Avanturier, 100 sq.
St. Hippolyte, General, †. 470.
St. Ignon, Gener. 38 40
St. Marzano, Gen. 308
St. Pern, Marq. 324. 430. †. 178
St. Peyra, Gener. 307
St. Sebastiano, Brig. 309
St. Victor, Brig. 334 44. 655. 746. 757 sq.
Saarbrück, Fürst, 774
Sachsen, Chur-Prinz, 90. 593.
Prinzeßin geb. 593.
— siehe Pohlen, Gotha, ꝛc.
Saldanha, Cardinal, 593. 693

Saldern, General, 49. 53. 642
Salendo, Don Miguel, 291
Salino, Brigad. 308
Salisbury, Bischoff, 298. 775
Salle, Graf, verm. 592
Salm, Prinzeßin, verm. 589
Sance Obrister, 314
Sandick, Herr von,
Sandys, Lord, 295. 659
Saniera, Gener. 308
Santandro, Don Juan, 655
Santizet, General, 312
Sanvisenti, Peter Maria, 778
Sao Pago, Graf, 671
Sappius, Admir. †. 540
Sardinien, König, siehe Carl Eman.
Sarno Bischoff, 312
Saunders Admir. 660
Sauniere, siehe Saniera.
Say und Seale, Vicomte, 521
Scaglia, General, 308
Scarsdale, Lord, 297
Scarsella, P. Cäsar, 310
Scey, Graf, 342 sq. 452
Schaffgotsch, Gräfin, 653
Schallenheim, Baron, †. 182
Scharnhorst, Canzley-Direct. †. 184
Scheel Graf, 301
Scheele, General, 313

Scheffer,

Register derer Personen,

Scheffer, Reichsrath, 665. 666. 777
Scheid, Obr. 455
Scheither, Major, 329 sq. 435. 439. 730. 749. 755
Schenkendorf, 574. 577. 579. 580. 642. 842.
Scherbatow, Brig. 619
Sherlock, siehe Sherlock.
Scherffenberg, Graf, 290
Schindler, Brigad. 308
Schlaberndorf, General, 53 sq.
Schlüter, General, 335. 339. 348
Schmettau, Gener. 641
Schnell, General, 303
Schönberg, Hann. Obr. Lieut. 313
Schönburg-Glaucha, Gr. geb. 595
– – Pönig, Gräfin, †. 535
Schony, Major, 306. 615
Schrötter, Obrister, 40
Schwartz, Reichshofrath, 290
– – Obrister, 318
– – Major, 705
Schwarzburg, siehe Sondershausen.
Schweden, König, siehe Ad. Fried.
– – Königin, 76
– – Cron-Prinz, 76. 801
– – Prinz Carl, 76
Schwerin, Gener. 641
– – Obr. 53. 609

Schwichelo, Baron, †. 463
Sechelles, Staatsminister, †. 115
Seckendorf, Feldmarsch. 771
Sedlnicki, Cron-Groß-Schatzm. †. 157
Seebach, Major, 314
Segni, Bischoff, †. 550
Seilern, Graf, 394
– – Comt. verm. 590
Semmanat, Don Joseph, 291
Serbelloni, Feldmartsch. 581. 583 sq.
Seydlitz, General, 583 sq. 631. 633
Seyßel, General, †. 105
– – Gräfin, 653
Sforza, siehe Cäsarini.
Shaftsbury, Graf, 295
Shelburn, Lord, 871
Sheldon, General, 344
Sherlock, siehe London.
Shirley, Seewallis, 518
Sicilien, König, siehe Ferd. IV.
Simonetti, Prälat, 673
Sincere, General, 28. 38. 40. 632. 641. 644
Sitten, Bischoff, †. 157
– – neuer, 673
Skog, Lieut. 712
Sobieska, verw. Fürstin, †. 156
Sedri, Graf, 176

Sohlen-

Söhlendahl, Baronin, †. 184
Solaro de Govon, Gener. 308
Solis, General, 773
Solms, Fürst, †. 168
= = General, 323. 324. 325. 340. sq.
= = Gr. Joh. Ernst Carl, verm. 590
= = Gr. Otto Heinr. Lud. 779
Soltikow, Feldmarsch. 599
Somerset, Herzog, 524
Sondershausen, Prinzeß. verm. 588
Sora, Herzog, 677
Soritsch, Obr. 842
Sotomayor, Obr. 291
Soubise, Prinz, 434 sq. 438 sq. 456. 457. 728 sq.
= = Prinzessin, verm. 586
Souvigny, Gener. 656
Spada, Geschlechte, 309
Spaen, Gener. 53. 631. 633
Spanien, König, s. Car. III.
= = verst. Königin, 82
= = Inf. Gabriel, 293
= = Infantin, †. 471
= = Infanten, 62
Spauer, Gräfin, 653
Spencer, Lord, 297
Speranza, Abt, 780
Speyer, Bischoff, siehe Hutten.

Spinelli, Card. 673. 814
= = Prälat, 677
Spinola, Card. 673. 678
Spörken, Hann. General, 324 sq. 327. 328 sq. 436. 439 sq. 728. 730. 734. 736 sq.
= = Obr. 314. 680
Sprecher, Brig. 308
Sprengel, Obr. 779. 780
Sprengport, Obr. Lieut. 709. 712
verm. 592
Springer, General, 39
Squilace, Marqu. 60 sq. 65
Stackelberg, General, 798
Stahrenberg, Gr. George, 374. 89
= = Gräfin, 652
Stainville, Graf, 294. 319 sq. 323 sq. 340 sq. 437. 730 sq. 733. 736. 739 sq. 750. verm. 588.
Stambke, Baron, †. 468
Stammer, General, 746
Stampa General, 288
Stanislaus, König, 832. 809 sq.
Stanley, John, 297. 380 sq.
Stechow, Obr. 54
= = Rittm. 322
Steeb, Reichshofrath, 652
Stein, verw. Gräfin, †. 783
= = Obrister, 40
Stevens, Admiral, 419

Stock.

Register derer Personen.

Stockhausen, Major, 440.
735
Stollberg, Prinz, Chr.
Carl, 581. 650. 771
= = Prinzeßin verm. 589
= = Stollberg, Gr. † 531
= = Wernigerode, Gr.
99
Stone Schatzmeister, 518
= = Commerc. Commissar.
659
Stormont, Lord, 380.
391. 658
Straßburg, Bischoff, siehe
Rohan.
Strelitz, s. Mecklenburg.
Strömberg, Reichsrath,
664
Stroganow, Baron, 881
Studenitz, Obr. 38
Stürup General, 302
Stutterheim, Pr. Gen. r.
ältere, 44
= = Pr. Gener. jüngere,
709 sq.
= = Sächf. Obr. 38
= = Pr. Gesandter, 415
Sully Herzog, † 458
Syburg, General, 44.
53. 325 sq. 327 sq. 574.
577 sq. 579. 58?
Sydow, General, 53
Sylva, Don Diego, † 789

T.

Thtenbach, Gr. Jos. Ferd.
679

Talbot, Graf, 296. 521.
524. 525. 659. 797
Talleyran, Abt, 293
Tamburini, Card. 814.
† 529
Taone, siehe Revello.
Tarino, General, 308
Tartar Chán, 597
Taube, Gräfin, verm. 592
Tauenzien, Gener. 615
Tauffkirchen, Graf, 679
Tauria, General, 307
Teimuras s. he Georgien.
Temple, Graf, 298. 776.
862 sq.
Tencin, Ritter, 407
Teßin, Reichsrath, 665.
777
Testa, Prälat, 310
Tettenborn, General, 53.
54
Teuber, Hofrath, 300
Teuffel, Baron, 698
= = Major, 618
Thadden General, 669
Thomas, Ritter, 659
= = Doctor, 775
Thomond Marschall, 726
sq. † 533
Thürriegel, Obr. Lieut.
307
Thun, Gr. Jos. Joh. verm.
590
= = Gr. Joseph Maria, 770
= = Gräfin, 652. 653
Thurn und Taxis, Fürst,
97. 399 sq.
Todi, Bischoff, 312
Törring=

deren in diesem Bande Meldung geschiehet.

Törring-Jettenbach, Gr. 679
— Seefeld, Gr. Clem. 780
Tommasi, verst. Card. 672
Torcy, Graf, † 462
Tornflycht, Reichsrath, 304. 666
de la Torre, General, 307
Torregiani, Card. 310. 674. 682. 683. 815
Tottleben, General, 298. 601 sq.
Tournon, Marq. 308
Towianski, Graf, † 538
Towesbend, Kriegs-Secr. 297
Trapp, Conf. Rath, 664
Traun, Gräfin, 654
Trautson, Prinzeßin, verm. 586
Trier, Churfürst, 281. 816
Triest, Bischoff, 311
Trinita, General, 308
Troschke, Obr. 840
Troyes, Bischoff, 293
Trublet, Abt, 293
Truchseß, Gr. Ant. Wil. 312
— Gr. Jos. Cajt. 651
Trütschler, Gener. 668
Tschudi, General, 778
Türckischer Kayser, siehe Mustapha III.
— Prinz geb. 596 sq.
Tweedale, Marq. 658
Tyrconell, Lord, 297

V.

Valence, General, 454
Valenti, Card. 674. 675
Valentini, Herzog, Sohn verm. 572
Valerienne, Brig. 308
Vandermeche, Hauptm. 752
Varano, Joseph, 778
Varell, General, 576
Vaubecourt, General, 743
Vaux, Graf, 335. 451. 454. 656. 731. 733. 734. 736
de Vecchis, Prälat, 6. 7
Veczey, General, 574. 583 sq.
Veltheim, General, 679. 745
Verac General, 454
Vergemont Dwister, 774
Vergennes, Gesandter, 417
Vianzino, General, 308
Vierset, Brigadier, 774
Vignoles, Obr. 317. 341
Vilana, Gräfin, sehe Pérlas.
Villadarias, Marq. 292
Villaflor, Graf, 671
Villafuerte, Marq. 291
Villagarzia, Marq. 292
Villemur, Marq. 774
Villepatour, Gener. 454
Villiers, Lord, 297
Vincenti, Brig. 308
Ulfeld, Comtesse verm. 590

Unruh

Register derer Personen.

Unruh, General, 139
Vogelsang, General, 138. 626
Vogüe, Graf, 445. 447. 737
Voyer, General, 730
Usingen, Erb-Prinz, 667
  Prinz geb. 594
Uslar Obr. Lieut. 680
Uybasy, General, 649

W.

Wackerbart, Graf, † 477 sq.
Wadderborn Major, 661
Waizen Bischoff, 677
Waldeck, Fürst, 95 sq.
Waldener, General, 457. 729
Waldhausen, Gener. 679
Walker, Command. 368
Wallachey, Fürst, 681
Wallis, Prinz, wird König 4 sqq.
= = verw. Prinzeßin, 515. 522. 525
= = Gräfin, 654
Walmoden, General, 679
Walter, General, † 38. 106
Wangenbeim, Ober-Hof-marschall, 313
= = General, 324. 330. 335 sq. 343. 440. 444. 446. 730. 741
= = Pr. Gener. 642
de la War, Graf, 296

Ward, Herr, † 789
Warkotsch, Baron, 804 sq.
Warren, George, 660
Wartensleben, Comteßin verm. 588. 591
= = Comt. † 495
= = junger Graf, 680
Watzdorff, Oberhofrichter, 779
Weczey, siehe Vecsey.
Wedel, Graf, 301. Gemahlin, 302
= = Pr. General, 305
Weilburg, Prinz geb. 595
Wensen, Obr. Lieut. 314
Werdenfels, Baron, 679
Werdi-Chan, Schach, 856 sq.
Werner, General, 603. 604 sq. 829 sqq.
Weßel, Cron-Groß-Schatzmeist. 156. 299. 802 sq.
Weymouth, Vicomtin, 518
Wied, General, 38. 633. 773
= = Pr. Gen. siehe Neuwied.
Wiedmann, Baron, 287. 289
Wien, Erzbischoff, siehe Migazzi.
Winchester, Bischoff, † 462
neuer, 298
Windischgrätz, Gräfin, 654
Winterton, Lord, 297
Wirtz,

deren in diesem Bande Meldung geschiehet.

Wirtz, s. e Würtz.
Witepsk, Capellan, 667
Witgenstein, Gr. Joh. Lud. 589
= = Obr. Lieut. 835
Wodroff, Gener. Kriegs-
 Commiss. 303
Wolffersdorf, Dest. Gen. 637
Wolfskehl, Gener. 577
Wolkonski, General, 341
Wrangel Obr. Lieut. 866
Württemberg Herzog, 55. 93 sq. 826
= = Prinz Lud. 38. 53
= = Prinz Frid. 604. 647 sq. 703 sq. 713 sq. 829 sq.
= = Prinz geb. 595. 843 sq.
= = Oels, Herzog, s. Oels.
Würtz, Gener. 671. 779
Würtzburg, General, 582. 584
Wurmb, Obrister, 314
Wurmer, Gen. 344. 752
Wutgenau, Gener. 437. 447. 733. 737. 823

X.
Xbarrola, Gen. Schatzm. 773
Xork, Herzog, 93. 501. 515. 521. 522. 657

= = Cardinal, 99. 673. 824
= = Erzbischoff, 520. 775
= = General, 380. 394. 660
= = Commerc. Comm. 659

Z.
Zabiello, Anton, 667
Zadda, Schach, 848 sq.
Zambrano, Marq. 292
Zasirow, Gener. †. 161
= = Gen. Lieut. 349
= = Gen. Maj. 348 sq.
= = P. Gener. Maj. 642. 669
= = Pr. Cammerherr, 163
Zawoiski, Obr. 38
Zecmar, Major, †. 43
Zeschwitz, Gener. 630. 654
Zevallos, Gener. 687
Zeunier, Gener. 53. 641
Ziegsan, Obr. 40
Ziethen, General, 29. 31. 42 sq. 46 sq. 53. 54 sq. 607 sq. 615 sq. 641. 645. 647
= = Gen. Major, 617. 618. 641. 837 sq.
Zuckmantel, Gener. 339. 348. 455
Zündt, Baron, 679
Zweybrück, Prinz, Friedr. 57. 90. 573

Die vornehmsten Druckfehler:

Im 147. bis 152. Theile: p. 04. l. 20. ließ in der kleinen Stadt; p. 147. l. 28. ließ Choltig; p. 172. l. 20. ließ in denen Treffen; p. 225 l. 20. ließ um sein Gutachten; p. 227. l. 2. ließ Cagnes; p. 235. l. 26. ließ nicht im Stande zu verbittern; p. 247. l. 14. ließ es ihm aber; p. 256. l. 1. ließ die Unbeständigkeit; p. 260. l. 16. ließ der letzte männliche; p. 304 l. 8. ließ Torsslycht; p. 310. l. 26. ließ Famagusta; p. 311. l. vlt. ließ Como; p. 345. l. 9. ließ Marquis.

Im 153. bis 154. Theile: p. 411. l. 25. ließ Mustapha III.

Im 155. und 156. Theile: p. 529. l. 18. ließ ward auch; p. 538. l. 20. ließ Pilsen; p. 539. l. 13. ließ Amboise; p. 551. l. vlt. ließ 1701.; p. 567. l. 2. ließ Clementis XIII. p 594. l. 12. ließ Nassau-Usingen; p. 597. l. 28. ließ Narbonne; p. 608. l. 13. ließ Hartmannsdorf.

Im 157. und 158. Theile: p. 651. l. 1. ließ Mülendorf; p. e. l. 17. ließ Bartozzi; p. 656. l. 24. ließ Abercorn; p. 660. l. 7. ließ Beauchamp; p. 666. l. 9 ließ Torsslycht und l. 11. ließ Horn; p. 667. l. 7. ließ Zroewski; p. 672. l. 20. verbinde die Worte trat. A. 1735. p. 681. l. 12. ließ Meldau.

Im 159. und 160. Theile: p. 770. l. 4. ließ der sich nicht mehr; p. 773. l. 25. ließ 1761. p. 774. l. 30. ließ Villemur; p. 779. l. 9. setze hinzu als Oberhofrichter zu Leipzig; p. 781. l. 28. ließ Reinbaben; p. 824. l. 17. ließ Seraing;